Nathalie Vogtl[illegible]

[illegible]ceur
d'ici et d'ailleurs

Un ouvrage dirigé par Florence Le Bras

FIRST
Editions

ISBN 2-75400-158-1
Dépôt légal : 1er trimestre 2006
Imprimé en Italie
Conception couverture : Bleu T
Mise en page : Pascale Desmazières

Nous nous efforçons de publier des ouvrages qui correspondent à vos attentes et votre satisfaction est pour nous une priorité. Alors, n'hésitez pas à nous faire part de vos commentaires :

Éditions Générales First
27, rue Cassette
75006 Paris – France
Tél. : 01 45 49 60 00
Fax : 01 45 49 60 01
e-mail : firstinfo@efirst.com

Introduction

De la cuisine du bout du monde émergent quantité de saveurs et de senteurs qui permettent de voyager par les sens. Cocktail – parfois surprenant – d'épices et de couleurs, les traditions d'ailleurs renferment des trésors culinaires propres à chaque pays.
Quelques ingrédients se trouvent à la base de chaque cuisine : ainsi le piment, le manioc et les haricots rouges constituent les fondements de la cuisine brésilienne tandis que l'endive ou le genièvre sont fréquemment utilisés dans la préparation de spécialités belges.

C'est aujourd'hui avec un engouement grandissant que nous accueillons dans nos assiettes cette tendance world culture. Dépaysement et créativité sont les maîtres mots de cette aventure gastronomique.

Ce parcours initiatique est pour le moins compatible avec une cuisine diététique, tant la diversité et la richesse des matières premières sont étendues. Reste à réaliser les accords parfaits et à utiliser les techniques culinaires les plus appropriées. Car si ces plats peuvent désormais se trouver dans certains magasins ou dans de nombreux restaurants de cuisine étrangère, comment les préparer nous-mêmes ?

Avec près de 130 recettes inspirées des cinq continents et de plus de 30 pays, cet ouvrage met à votre portée les astuces et les tours de main des cuisinières du monde entier.
À vous de surprendre vos convives et de composer vos propres menus au gré des recettes proposées ici : les crevettes à la vatapa de Bahia, les albondigas du Mexique, les sashimis de thon au daikon du Japon, etc.
Aussi, pour vous familiariser avec ces traditions culinaires venues d'ailleurs, ai-je choisi d'évoquer en introduction quelques-unes de ces cuisines à travers les aliments et les modes de cuisson qui en constituent les fondements.

Lexique des ingrédients de la **cuisine japonaise**

Champignon noir
Chou japonais chou large, très feuillu, de couleur vert pâle, dont les extrémités sont frisées
Daikon radis blanc géant
Gingembre
Ginseng racine coréenne avec un goût épicé utilisée pour aromatiser le thé et le vin
Graines de sésame
Kaki dessert traditionnel consommé pelé, en sorbet ou séché en tranches « hushi kaki »
Karashii graines de moutarde séchées et moulues. En ajoutant un peu d'eau, on obtient une pâte qu'on ajoute dans les sauces d'accompagnement, les vinaigrettes et certains plats cuisinés
Mirin vin de riz utilisé pour la réalisation de sauces ou de marinades
Mochi riz collant le plus souvent enveloppé d'une feuille d'algue
Nashi poire japonaise servie en dessert

Nori algue séchée au soleil, pressée en fine feuille de couleur brune ou vert foncé
Pousses de bambou texture croquante
Renkon racine de lotus utilisée pour sa texture craquante et en décoration
Saké alcool de riz
Sauce soja
Soba nouilles fabriquées à partir de farine de sarrasin
Somen nouilles faites à partir de farine de froment
Sushis hors d'œuvre faits à partir de riz couronné d'une tranche de poisson cru et enveloppé d'une algue
Tamari liquide foncé, épais avec un goût plus prononcé que la sauce soja
Thé vert
Tofu fabriqué à partir de haricots de soja
Wasabi sorte de « raifort japonais »

Lexique des ingrédients de la **cuisine australienne**

Emeu grand oiseau dont la viande rouge

foncé, maigre, possède plus de valeurs nutritives que le gibier. On l'utilise grillée, fumée, en carpaccio ou en pâté.
Kangourou
Noix buny servie nature ou rôtie
Noix de cajou
Noix de macadamia
Noix de pandanus consommées nature ou rôties
Prunes utilisées dans les sauces pour gibier, les confitures et les tartes
Snowberry fruit qu'on fait sauter au beurre et qu'on sert avec des crêpes et du cidre
Tamarin fruit du tamarinier qui accompagne bien le poisson

Lexique des ingrédients de la **cuisine mexicaine**

Achiote graines réduites en pâte pour donner une couleur orangée aux viandes, poissons et sauces
Acitrón cactus confit utilisé pour parfumer certains plats, adoucir et apporter

une texture contrastante
Adobo pâte faite à partir de plusieurs piments et épices pour assaisonner le poisson et la viande
Anis
Arachide utilisée surtout moulue ou en pâte dans les sauces pour les viandes, dans la préparation des biscuits et des bonbons
Cannelle
Câpres
Charales petit poisson blanc ou semi-transparent généralement vendu séché
Chaya feuille dont le goût s'apparente au chou.
Chayote courge tropicale
Chicharrón peau de porc fumée, séchée et frite utilisée cuite dans la sauce chili, séchée dans les tacos
Chorizo
Coriandre
Cuitlacoche champignon noir
Cumin
Graines de sésame
Lime citron vert

Nopal feuille du cactus
Origan
Persil plat
Physalis
Piment
Pinole maïs moulu et rôti
Safran
Tejocote fruit qui ressemble à une petite pomme
Thym
Vanille

Lexique de la **cuisine antillaise**

Acras petits beignets servis chauds contenant de la morue ou des légumes
Bebelle plat à base de tripes, dombré et bananes vertes
Bélangère petite aubergine
Blaff court bouillon épicé pour le poisson aromatisé de thym, persil, laurier, oignon, piment
Blanc-manger dessert à base de noix de coco et de lait aromatisé de vanille,

de cannelle et de noix de muscade
Cabri Petit chevreau cuisiné en colombo
Chaudeau sorte de lait de poule au citron vert que l'on sert au sortir de la messe lors de la communion solennelle
Colombo mélange d'herbes et d'épices
Colombo viandes cuites dans une sauce à base d'épices d'origine indienne
Dombré petites boulettes de farine
Féroce préparation à base d'avocat, de morue, de farine de manioc
Giraumon potiron local
Matoutou plat savoureux à base de crabes et de nombreuses épices dont le curry et le piment
Pône pain sucré composé de patates douces, de giraumon, de sucre, de vanille, de raisins, de cannelle, le tout manié avec du beurre et doré au four
Souskai plat de fruits verts râpés et macérés dans du citron vert, sel et piment
Tcheck galette à base de noix de coco râpée, de sucre brun et de cannelle en poudre
Ti Punch

Notez que la plupart de ces ingrédients sont aujourd'hui couramment utilisés dans nos cuisines, et sont vendus dans les rayons exotiques des grandes surfaces. D'autres sont proposés dans les épiceries spécialisées de certains quartiers.

Techniques de **cuisson du monde**

Al dente degré de cuisson des pâtes et des légumes pour qu'ils restent légèrement croquants
Espumas terme emprunté à la langue espagnole désignant une préparation mousseuse montée dans un siphon.
Pilaf riz blondi dans un corps gras avant de recevoir sa ration d'eau
Tandoori cuisson des aliments marinés sur la braise ou sous un gril
Tempura friture de légumes, viande et fruits de mer
Teppan-yaki mixed grill cuit sur plaque chauffante
Teriyaki poêlée de viande

Wok aliments émincés et sautés
Yakitori viande grillée

Je vous invite à présent à découvrir au rythme de cet ouvrage de nouvelles saveurs comme celles des bortsch, moussakas et autres goulaches.
Ainsi vous deviendrez un globe-trotter gastronome et embarquerez pour un périple culinaire inoubliable à travers l'Europe, l'Afrique, l'Océan Indien, le Moyen-Orient, l'Asie méridionale et orientale, l'Océanie, l'Amérique et les Caraïbes.

•

BLINIS AU SAUMON FUMÉ/*Russie*

4 pers. **Prép. : 30 min Cuisson : 10 min** **232 kcal/p**

Pour la garniture : 2 tranches de saumon fumé • 100 g d'oseille • 2 cuil. à soupe de pignons de pin • 2 cuil. à soupe de crème fraîche allégée • quelques baies roses
Pour les blinis : 200 g de farine de blé • 100 ml de lait écrémé • 2 œufs entiers • 10 g de beurre • 20 g de levure de boulanger • 1 pincée de sel

Réalisation

Préparez les blinis : délayez la levure dans 150 ml d'eau tiède. Dans une grande terrine, travaillez la moitié de la farine avec le mélange levure et eau. Couvrez et laissez lever 2 heures. Salez, ajoutez le reste de farine, le beurre et 1 jaune d'œuf. Malaxez soigneusement, couvrez et laissez de nouveau lever 1 heure.

Faites bouillir le lait et mouillez la pâte avec le lait bouillant. Mélangez et laissez lever 1 h 30.

Montez les blancs en neige avec une pincée de sel et ajoutez-les à la pâte.
Faites fondre le beurre et versez-le dans une jatte.
Préchauffez le four th. 8 (240 °C).
Faites chauffer une petite poêle et enduisez-la d'une fine couche de beurre fondu.
Versez rapidement la pâte en une couche de 1 cm environ. Après quelques secondes, mettez au four et faites cuire les blinis jusqu'à ce qu'ils prennent une belle couleur dorée.
Ensuite mettez les blinis sur un linge et gardez-les au chaud.
Lavez l'oseille et détaillez-la grossièrement.
Nappez les blinis de crème fraîche.
Déposez quelques feuilles d'oseille sur les blinis, ajoutez quelques lanières de saumon, parsemez de pignons de pin et donnez quelques tours de moulin de baies roses.
Servez les blinis encore tièdes.

BORTSCH/*Russie*

4 pers. **Préparation : 15 min Cuisson : 30 min 209 kcal/p**

1 l de bouillon de pot-au-feu dégraissé • 2 oignons jaunes • 200 g d'oseille • 200 g d'épinards • 1 botte de persil plat • 2 œufs entiers • 20 g de beurre • 2 cuil. à soupe de farine de blé • 2 cuil. à soupe de crème fraîche allégée à 5 % de MG • sel fin, poivre du moulin

Réalisation

Épluchez et hachez finement les oignons et faites-les revenir avec le beurre pendant quelques minutes.

Saupoudrez de farine, mélangez puis versez petit à petit le bouillon chaud, sans cesser de remuer.

Faites durcir les œufs à l'eau bouillante salée pendant 10 minutes environ. Égouttez-les puis écalez-les. Coupez-les en deux.

Lavez le persil, l'oseille et les épinards puis hachez-les grossièrement. Plongez le hachis dans le bouillon et laissez frémir encore 10 minutes.

Passez le potage au mixer, lissez avec la crème

et rectifiez l'assaisonnement si nécessaire.
Servez le borchtch dans des assiettes de service accompagné d'un demi œuf dur par personne.

BOUILLON ÉPICÉ/*Chine*

4 pers. **Prép. : 10 min Cuisson : 15 min** **201 kcal/p**

200 g de pousses de soja • 2 piments oiseau • 1 cuil. à soupe de Maïzena • 1 cuil. à soupe d'huile d'olive extra-vierge • 120 g de blancs de poulet • 1 cœur de laitue • 1 litre de bouillon de volaille dégraissé • 2 cuil. à soupe de sauce soja • 2 ciboules • 130 g de crevettes cuites et décortiquées • 1 cuil. à soupe de vinaigre de vin • sel fin, poivre du moulin

Réalisation

Poêlez les piments dans l'huile bien chaude sur feu vif afin d'en extraire toute la saveur. Retirez-les et faites revenir dans l'huile ainsi parfumée les pousses de soja.
Stoppez la cuisson et réservez au chaud.
Détaillez les blancs de poulet en lanières, salez-

les, poivrez-les et roulez-les dans la Maïzena. Portez le bouillon de volaille à ébullition et plongez-y les morceaux de viande.
Détaillez grossièrement la laitue et ajoutez-la au bouillon. Ajoutez la sauce soja, les ciboules émincées, les crevettes et le vinaigre.
Réduisez le feu et laissez mijoter quelques minutes.
Servez très chaud dans des bols à potage.

CHAMPIGNONS À LA GRECQUE
Grèce

4 pers. **Prép. : 15 min Cuisson : 5 min** **108 kcal/p**

600 g de champignons frais de Paris • 1dl de vin blanc sec • le jus d'un citron jaune • 3 cuil. à soupe d'huile d'olive • 1 oignon haché • 1 cuil. à soupe de concentré de tomates • quelques graines de coriandre • sel fin, poivre du moulin

Réalisation
Nettoyez les champignons et coupez-les en deux ou en quatre.

Dans votre autocuiseur, faites chauffer l'huile et jetez-y l'oignon haché.
Mouillez avec le vin blanc, 1 dl d'eau et le jus de citron.
Ajoutez le concentré, les graines de coriandre et les champignons coupés. Salez, poivrez.
Fermez votre autocuiseur et laissez cuire 5 minutes sur feu doux.
Laissez refroidir et placez au réfrigérateur jusqu'au moment de servir.

CHORBA/*Tunisie*

4 pers. **Prép. : 15 min Cuisson : 1 h 20** **180 kcal/p**

200 g de viande de veau maigre • 2 carottes • 1 navet • 2 pommes de terre • 1 branche de céleri • 2 tomates • 1 oignon jaune • 1 bouquet de persil plat • 2 cuil. à soupe de vermicelle • 1 cuil. à soupe d'huile d'arachide • 1 pincée de safran • sel fin, poivre noir du moulin

Réalisation

Épluchez et coupez en petits dés les carottes, les navets, les pommes de terre et le céleri. Épluchez l'oignon, hachez-le ainsi que le persil.

Dans une marmite, déposez la viande, les dés de légumes, le persil et l'oignon hachés. Versez l'huile, puis assaisonnez avec le sel, le poivre et le safran. Recouvrez le tout de 2 litres d'eau et portez à ébullition.

Retirez le pédoncule des tomates, lavez-les, ciselez-les en croix puis plongez-les dans de l'eau bouillante légèrement salée avant de les peler.

Réduisez la chair en purée et ajoutez-la au reste de la préparation.

Mélangez, couvrez et laissez cuire à feu moyen pendant 1 heure environ.

Dix minutes avant la fin de la cuisson, jetez le vermicelle en pluie.

Rectifiez l'assaisonnement et servez dans des assiettes de service ou en soupière.

CONSOMMÉ AU PARMESAN/*Italie*

4 pers. **Prép. : 20 min Cuisson : 10 min** **162 kcal/p**

4 œufs entiers • 3 cuil. à soupe de parmesan râpé • 1 l de bouillon de volaille dégraissé • 1 botte de persil frisé • sel fin, poivre du moulin

Réalisation

Portez à ébullition 3/4 de litre de bouillon de volaille.

Lavez et ciselez le persil.

Battez les œufs entiers en omelette, salez puis poivrez à votre convenance.

Ajoutez le persil, 2 cuillerées de parmesan et le restant de bouillon froid.

Incorporez ce mélange au bouillon chaud hors du feu, portez à nouveau à ébullition et laissez bouillir le consommé quelques minutes sur feu vif.

Une fois les œufs brouillés, stoppez la cuisson, servez en soupière et saupoudrez du parmesan restant.

CONSOMMÉ MADRILÈNE/*Espagne*

4 pers. **Prép. : 30 min Cuisson : 35 min** **146 kcal/p**

800 g de tomates bien mûres • 2 branches de céleri • 2 oignons jaunes • 1 bouquet garni • 1 l de bouillon de volaille dégraissé • 1 poivron rouge • 10 g de beurre • sel fin, poivre noir concassé

Réalisation

Pelez puis coupez les tomates en quartiers. Détaillez le céleri en dés.
Pelez et émincez les oignons.
Placez tous les légumes dans une cocotte, recouvrez de bouillon, salez modérément, poivrez et portez à ébullition.
Réduisez le feu, couvrez et laissez cuire pendant 30 minutes environ.
Passez le consommé au moulin à légumes ou au mixer et réservez-le au chaud.
Lavez le poivron, ôtez le pédoncule, épépinez-le et coupez-le en lamelles. Faites fondre le beurre et laissez-y dorer le poivron.
Servez le consommé agrémenté de lamelles de poivron grillées.

FEUILLES DE VIGNE FARCIES/*Grèce*

4 pers. **Prép. : 30 min Cuisson : 1 h** **197 kcal/p**

8 feuilles de vignes en conserve • 50 g de riz • 2 oignons • 2 gousses d'ail • 2 cuil. à soupe d'huile d'olive • feuilles de menthe • feuilles de basilic • 1 citron • sel, poivre

Réalisation

Rincez les feuilles de vigne à l'eau courante et épongez-les dans du papier absorbant. Faites cuire le riz dans de l'eau bouillante salée pendant 10 minutes environ, égouttez-le et réservez-le. Épluchez l'ail et les oignons et hachez-les. Faites-les dorer dans 1 cuillère à soupe d'huile d'olive, ajoutez les feuilles de menthe et de basilic ciselées. Assaisonnez. Hors du feu, mélangez le hachis et le riz. Répartissez la farce sur les feuilles de vigne et roulez-les en prenant soin de rabattre les extrémités. Dans un autocuiseur, versez 500 ml d'eau additionnée du jus de citron. Faites cuire les feuilles de vigne dans le panier supérieur du cuit vapeur pendant environ 1 heure. Laissez refroidir et servez bien frais.

FÉROCE D'AVOCAT/*Antilles*

4 pers. **Prép. : 15 min Cuisson : 10 min** **369 kcal/p**

2 avocats bien mûrs • 100 g de farine de manioc • 200 g de morue fraîche • 2 cuil. à soupe d'huile d'arachide • 1 cuil. à soupe de vinaigre de vin • 1 pincée de piment en poudre • sel fin

Réalisation

Ouvrez les avocats en deux, ôtez les noyaux et prélevez la chair.

Écrasez-la à la fourchette et mélangez-la à la farine de manioc. Façonnez des boulettes du bout des doigts et réservez-les au frais.

Faites griller la morue à sec (sur le gril du barbecue si possible) avant de la mixer au robot ménager.

Préparez une vinaigrette avec l'huile, le vinaigre, la poudre de piment et une pincée de sel. Ajoutez-y la purée de morue.

Servez la morue avec les boulettes de manioc à l'avocat.

GASPACHO AU BASILIC/*Espagne*

4 pers. **Préparation : 20 min** **56 kcal/p**

4 belles tomates • 1 poivron rouge • 1 poivron vert • 1 concombre • 1 oignon blanc • 1 botte de basilic frais • 2 gousses d'ail • sel fin, piment de Cayenne en poudre

Réalisation

Lavez les tomates et retirez le pédoncule. Coupez-les en quatre et réservez-les.
Épluchez l'oignon.
Retirez le pédoncule et les pépins des 2 poivrons. Coupez-les en fines lamelles et ajoutez-les aux tomates.
Épluchez les 2 gousses d'ail en prenant soin de retirer les germes.
Épluchez le concombre puis coupez-le en quatre.
Ajoutez-les à l'ensemble et mixez le tout. Passez la préparation au chinois. Salez, poivrez et saupoudrez de piment de Cayenne. Ciselez le basilic et ajoutez-le au gaspacho au moment de servir bien frais.

MINESTRONE/*Italie*

4 pers. **Prép. : 20 min Tremp. : 12 h Cuisson : 1 h 222 kcal/p**

200 g de haricots blancs • 1 courgette • 1 carotte • 2 tomates • 1 oignon jaune • 1 branche de céleri • 4 cuil. à soupe de pâtes à potage • quelques feuilles de basilic frais • 1 branche de romarin • 2 gousses d'ail • 1 cuil. à soupe d'huile d'olive extra-vierge • sel fin, poivre noir du moulin

Réalisation

Faites tremper les haricots dans l'eau froide pendant 12 heures.

Lavez, épluchez et coupez tous les légumes en petits dés.

Pelez les gousses d'ail.

Lavez, séchez, effeuillez le basilic et ciselez-le finement.

Faites chauffer l'huile d'olive dans une grande marmite et mettez-y tous les légumes, sauf les courgettes, à revenir pendant au moins 5 minutes. Ajoutez ensuite les haricots égouttés, le basilic ciselé, le romarin et les gousses d'ail entières.

Recouvrez d'eau et portez à ébullition.

Réduisez le feu et laissez cuire 1 heure environ. 10 minutes avant la fin de la cuisson, ajoutez les pâtes et les dés de courgettes.
Rectifiez l'assaisonnement avant de servir froid ou chaud.

ŒUFS FARCIS À L'ANCHOIS/*Russie*

4 pers. **Préparation : 8 min Cuisson : 10 min** **120 kcal/p**

4 gros œufs • le jus d'un citron • 1 cuil. à soupe de moutarde • 1 yaourt nature • 4 filets d'anchois • persil • paprika en poudre

Réalisation

Faites durcir les œufs 10 minutes dans de l'eau bouillante légèrement salée. Laissez-les refroidir puis écalez-les et coupez-les en deux dans le sens de la longueur. Retirez les jaunes.
Dans une jatte, mélangez les jaunes d'œufs, le citron, le yaourt et la moutarde.
Réduisez les anchois en purée soit au pilon, soit au mixer. Incorporez-les au mélange

précédent et assaisonnez à votre convenance. Hachez le persil et ajoutez-le à la farce. Farcissez les œufs de ce mélange et saupoudrez-les de paprika. Placez au réfrigérateur jusqu'au moment de servir.

POTAGE INDIEN/*Inde*

4 pers. **Prép. : 15 min Réfrigération : 1 h** **65 kcal/p**

4 tomates • 1 concombre • 1 oignon jaune • 2 yaourts nature • 1 pincée de curry en poudre • 1 brin de coriandre fraîche • sel fin, piment de Cayenne en poudre

Réalisation

Pelez le concombre, coupez-le en deux, retirez les graines, coupez la chair en dés. Épluchez et hachez l'oignon.

Mélangez le concombre et l'oignon, saupoudrez de sel et laissez dégorger 30 minutes environ.

Pendant ce temps, pelez et épépinez les tomates, coupez-les en petits dés.

Lavez et ciselez la coriandre.
Rincez puis égouttez le concombre et l'oignon, mélangez-les aux tomates, joignez la coriandre, le yaourt et les épices.
Faites rafraîchir au réfrigérateur jusqu'au moment de servir.

POTAGE IRANIEN/*Iran*

4 pers. **Préparation : 15 min Cuisson : 1 min** **76 kcal/p**

1 concombre • 2 cuil. à soupe de raisins de Corinthe • 3 yaourts nature type bulgare • quelques brins de menthe et de ciboulette fraîches • cumin en poudre • fleur de sel, poivre noir du moulin

Réalisation

Pelez et détaillez le concombre en petits cubes.
Portez un verre d'eau à ébullition et stoppez aussitôt la cuisson. Laissez-y gonfler les raisins de Corinthe pendant quelques minutes.
Dans une jatte, fouettez les yaourts, ajoutez les raisins égouttés, le concombre, les herbes

ciselées et le cumin.
Assaisonnez à votre convenance et placez au frais jusqu'au moment de servir.

POTAGE AU PORC ET AU CRABE
Vietnam

4 pers. **Préparation : 30 min Cuisson : 1 h** **213 kcal/p**

1 l de bouillon de volaille dégraissé • 100 g de champignons séchés • 200 g de viande de porc maigre • 2 cuil. à soupe de riz cru • 1 petite boîte de crabe émietté • 1 oignon • coriandre fraîche • sel fin, poivre noir du moulin

Réalisation
Faites tremper les champignons 15 minutes dans de l'eau tiède.
Détaillez la viande de porc en lamelles.
Faites chauffer le bouillon, ajoutez le porc et le riz et laissez cuire 10 minutes.
Ajoutez le crabe égoutté, les champignons et l'oignon préalablement émincé. Assaisonnez à votre convenance.

Lavez et ciselez la coriandre.
Prolongez la cuisson une dizaine de minutes avant de servir dans des bols à potage parsemés de coriandre ciselée.

ROULÉS VAPEUR/*Chine*

4 pers. **Prép. : 40 min Cuisson : 10 min** **170 kcal/p**

400 g d'un assortiment de légumes (poireau, carottes, chou chinois, épinards) • 100 g d'aiguillette de dinde • 100 g de filet de poisson • 4 noix de Saint-Jacques • 2 cuil. à soupe d'huile d'olive • baies de genièvre et poivre en grains

Réalisation

Nettoyez et essuyez tous les légumes.
Coupez le poireau : les racines à la base et le vert au ras des feuilles. Séparez les feuilles et conservez toute leur longueur.
Pelez les carottes et taillez-les en bâtonnets de 6 cm de longueur environ.
Conservez entières les feuilles de chou et d'épinard. Faites mariner les morceaux de

dinde avec l'huile d'olive, les baies de genièvre écrasées et le poivre pendant 15 minutes.
Préparez les roulés : regroupez les tronçons de carottes en fagots, enveloppez-les d'une lanière de poireau et piquez-les à l'aide d'un cure-dents. Coupez le filet de poisson en fines lanières. Étalez des lanières de poireaux sur votre plan de travail et enroulez-les autour des lanières de poisson. Maintenez-les avec une pique en bois. Posez les feuilles de chou et d'épinard à plat et déposez en leur centre les noix de Saint-Jacques et les aiguillettes de dinde. Fermez-les en aumônières et liez avec du fil de cuisine.
Rangez les fagots et les aumônières dans le panier du cuit vapeur. Chauffez l'eau et laissez cuire 6 à 8 minutes.

SALADE D'AUBERGINES AU CUMIN
Algérie

4 pers. **Prép. : 10 min Cuisson : 20 min** **69 kcal/p**

4 aubergines • 1 gousse d'ail • 1 cuil. à soupe d'huile d'olive • 1 pincée de paprika en poudre • 2 cuil. à soupe de vinaigre de vin • 1 pincée de cumin • sel fin, poivre noir du moulin

Réalisation

Lavez les aubergines et émincez-les en petits morceaux.

Faites-les cuire dans une casserole avec du sel, le paprika, l'huile et l'ail écrasé. Couvrez avec juste ce qu'il faut d'eau pour poursuivre la cuisson sur feu moyen.

Remuez délicatement de temps à autre.

Laissez s'évaporer entièrement la sauce. Arrosez de vinaigre et saupoudrez de cumin. Servez chaud ou froid à votre convenance.

SALADE EXOTIQUE AUX GERMES DE SOJA/*Chine*

4 pers. **Préparation : 20 min** **152 kcal/p**

200 g de germes de soja • 2 poivrons rouge • 1 boîte de grains de maïs en conserve au naturel • 1 boîte de coeurs de palmiers • 2 cuil. à soupe d'huile de tournesol • 1 cuil. à soupe de vinaigre de vin blanc • 1 cuil. à soupe de sauce soja • poivre noir du moulin

Réalisation

Égouttez les germes de soja et rafraîchissez-les sous le robinet d'eau froide. Essuyez-les dans du papier absorbant.

Lavez les poivrons, ôtez le pédoncule, coupez-les en deux, égrainez-les puis coupez-les en fines lanières.

Égouttez les grains de maïs et les cœurs de palmier.

Mélangez tous les ingrédients dans un saladier, nappez de vinaigrette et servez bien frais.

SALADE ORIENTALE/*Liban*

4 pers. **Préparation : 20 min** **116 kcal/p**

1 branche de céleri • 2 cuil. à soupe de pignons de pin • 8 dattes fraîches • 1 poivron rouge • 1 pomme aigre • 2 cuil. à soupe de jus de citron • 1 cuil. à soupe de miel liquide • 200 g de mesclun • 1 yaourt nature • quelques feuilles de menthe fraîche • sel fin, poivre du moulin

Réalisation

Lavez et essorez les feuilles de salade. Lavez et hachez la menthe. Préparez l'assaisonnement en mélangeant dans un bol, le yaourt, le jus de citron et la menthe préalablement ciselée. Salez et poivrez. Dénoyautez et détaillez les dattes. Lavez le céleri et coupez-le finement. Nettoyez le poivron, épépinez-le et coupez-le en fines lamelles. Pelez les pommes. Retirez le cœur et coupez-les en dés. Mélangez la sauce au yaourt et tous les ingrédients. Réservez au frais. Au moment de servir, garnissez les assiettes de quelques feuilles de salade, de la préparation précédente et de quelques pignons de pin.

SALADE TOSCANE/*Italie*

4 pers. **Préparation : 20 min** **325 kcal/p**

150 g tomates séchées • 1 boîte de cœurs d'artichaut • 80 g de mozzarella allégée • 1 morceau de parmesan • 1 cuil. à soupe de câpres • 4 tranches de jambon de Parme • 8 olives noires dénoyautées • 1 cuil. à soupe de vinaigre balsamique • 2 cuil. à soupe d'huile d'olive extra-vierge • sel fin, poivre du moulin

Réalisation

Détaillez les tomates séchées en lanières.
Coupez les cœurs d'artichaut en morceaux et détaillez la mozzarella en fines rondelles.
Dans un plat de service, disposez les tranches de jambon en chiffonnade, les tomates séchées, les cœurs d'artichaut, la mozzarella, les olives dénoyautées et les câpres.
Arrosez d'huile et de vinaigre, assaisonnez à votre convenance et saupoudrez de copeaux de parmesan. Servez bien frais.

SALADE AUX CREVETTES/ *Vietnam*

4 pers. **Préparation : 15 min** **140 kcal/p**

200 g crevettes roses • 4 carottes nouvelles • 1 petite boîte de pousses de bambou • 1 brin de coriandre fraîche • 1 brin de menthe fraîche • 1 cuil. à soupe de cacahuètes • 1 cuil. à soupe de sauce soja • 2 cuil. à soupe d'huile d'arachide • 1 cuil. à soupe de vinaigre de vin • poivre noir du moulin

Réalisation

Décortiquez les crevettes et réservez-les au frais.

Pelez et râpez les carottes.

Égouttez les pousses de bambou.

Broyez les cacahuètes dans un mortier.

Lavez puis ciselez les herbes fraîches.

Préparez la vinaigrette : mélangez l'huile, le vinaigre, la sauce soja puis ajoutez-y les herbes. Poivrez à votre convenance.

Disposez les crevettes, les carottes et les pousses de bambou dans un plat de service, nappez de sauce et saupoudrez de cacahuètes pilées.

SOUPE D'AVOCAT/*Côte d'ivoire*

4 pers. **Prép. : 20 min Cuisson : 5 min** **324 kcal/p**

2 avocats bien mûrs • 1 oignon rouge • 2 piments rouges • 1 cuil. à café de tabasco • 4 cuil. à soupe de crème fraîche épaisse à 5 % de MG • 2 limes • 1 l de bouillon de volaille dégraissé • 1 cuil. à soupe d'huile d'arachide • fleur de sel

Réalisation

Pressez les citrons.

Épépinez les piments et taillez-les en rondelles fines.

Ouvrez les avocats en deux, retirez les noyaux et prélevez la chair.

Mettez-la dans un plat creux et arrosez-la de jus de citron.

Pelez et hachez l'oignon puis faites-le revenir dans l'huile bien chaude.

Mouillez de bouillon et portez à ébullition.

Retirez du feu et laissez tiédir.

Mixez l'avocat avec le jus de citron, ajoutez les 3/4 du piment, quelques gouttes de tabasco et le bouillon.

Ajoutez la crème, salez et mixez à nouveau.

Versez la soupe dans des verres transparents, parsemez du reste de rondelles de piment et placez au frais jusqu'au moment de servir.

SOUPE DE RIZ/*Laos*

4 pers. **Prép. : 20 min Cuisson : 25 min** **216 kcal/p**

100 g de riz long grain • 1 l de bouillon de volaille dégraissé • 2 courgettes • 1 poireau • 2 cuil. à soupe de crème fraîche épaisse allégée • 1 jaune d'œuf • 10 g de beurre • ciboulette • sel fin, poivre noir du moulin

Réalisation

Lavez les courgettes et le poireau et coupez-les en rondelles.

Dans une sauteuse, faites-les revenir dans le beurre sans les faire colorer pendant 5 à 10 minutes.

Versez sur ces légumes le bouillon de volaille. Ajoutez le riz, salez et poivrez. Laissez cuire sur feu doux pendant 20 minutes environ.

Dans un bol, battez la crème fraîche et le jaune

d'œuf. En fin de cuisson, incorporez-les au bouillon et rectifiez l'assaisonnement si nécessaire.
Décorez avec la ciboulette ciselée et servez bien chaud.

SOUPE AU POULET/*Roumanie*

4 pers. **Préparation : 15 min Cuisson : 35 min 275 kcal/p**

200 g de blancs de poulet rôti • 1 branche de céleri • 4 carottes • 6 pommes de terre • 1 l de bouillon de volaille dégraissé • 4 cuil. à soupe de crème fraîche allégée à 5 % de MG • 1 cuil. à soupe de persil plat ciselé • sel fin, poivre du moulin

Réalisation

Détaillez les blancs de poulet en lanières et faites-les dorer à sec dans une poêle à revêtement anti-adhésif. Salez et poivrez.
Épluchez les carottes et les pommes de terre et coupez-les grossièrement. Coupez la branche de céleri en tronçons.

Placez tous les ingrédients en cocotte, mouillez avec le bouillon, couvrez et laissez mijoter sur feu doux pendant 30 minutes environ.
Servez dans des bols à potage, nappez de crème et saupoudrez de persil ciselé.

SOUPE AUX HERBES ET AUX ÉPICES
Tunisie

4 pers. **Prép. : 30 min Cuisson : 20 à 25 min** **195 kcal/p**

2 oignons jaunes • 200 g de champignons de couche • 1 poivron rouge • 1 poivron vert • 2 tomates bien mûres • 1 tablette de bouillon • 1 branche de céleri • 2 cuil. à soupe de pâtes à potage • 1/2 boîte de pois chiches • 1 cuil. à soupe d'huile d'olive extra-vierge • épices variées (curry, paprika, cardamome, coriandre, piment de Cayenne) • herbes aromatiques (sauge, romarin, basilic, thym) • sel de céleri

Réalisation
Épluchez et détaillez grossièrement les oignons.
Coupez les poivrons en deux, ôtez le pédon-

cule, égrainez-les et coupez-les en lanières.
Mondez et épépinez les tomates.
Nettoyez les champignons et émincez-les.
Dans une cocotte, faites chauffer l'huile et jetez-y les légumes coupés.
Faites fondre la tablette de bouillon dans 1 litre d'eau, ajoutez-y la branche de céleri coupée en tronçons, les pâtes, les herbes et épices.
Une fois les légumes bien dorés, plongez-les dans le bouillon, couvrez, réduisez le feu et prolongez la cuisson pendant 20 minutes.
5 minutes avant la fin de la cuisson, ajoutez les pois chiches et rectifiez l'assaisonnement avec le sel de céleri et le piment de Cayenne.
Servez bien chaud dans des bols à potage.

TABOULÉ/*Liban*

4 pers. **Prép. : 20 min Réfrigération : 2 h** **258 kcal/p**

4 tomates • 2 citrons jaunes • 1 oignon blanc • 200 g de boulgour • 2 cuil. à soupe d'huile d'olive extra-vierge • 1 botte de persil plat • 1 botte de menthe fraîche

Réalisation

Pressez les citrons. Lavez et coupez les tomates en dés.

Pelez et hachez l'oignon.Lavez et ciselez la menthe et le persil.

Versez le boulgour dans un saladier, arrosez-le de 2 dl d'eau tiède et de jus de citron. Salez et poivrez. Mélangez bien à la fourchette pour éviter la formation de grumeaux.

Ajoutez les tomates, l'oignon et les herbes. Mélangez bien.

Couvrez d'un film alimentaire et placez au réfrigérateur au moins 2 heures.

Servez bien frais en ajoutant l'huile d'olive au dernier moment.

ANCHOIS À LA CATALANE/*Espagne*

4 pers. **Prép. : 20 min Cuisson : 2 min** **357 kcal/p**

400 g d'anchois • 4 poivrons rouges • 2 cuil. à soupe d'huile d'olive extra-vierge • 3 œufs entiers • 4 gousses d'ail • persil plat

Réalisation

Faites dessaler les anchois à l'eau froide et levez les filets.

Parez les poivrons : ôtez le pédoncule, coupez les poivrons en deux, débarrassez-les des parties blanches et épépinez-les. Passez-les sous le gril du four, laissez-les refroidir puis pelez-les et détaillez-les en lanières.

Faites durcir les œufs. Hachez le persil et l'ail. Mélangez tous les ingrédients, arrosez-les d'huile, assaisonnez à votre convenance et placez au frais jusqu'au moment de servir.

BAR CRU MARINÉ AU THÉ VERT
Japon

4 pers. **Prép. : 15 min Marinade : 1 h** **220 kcal/p**

600 g de filets de bar • 4 cl de gin • 1 cuil. à café de thé vert • 2 cuil. à soupe de cassonade brune • 1 cuil. à soupe d'huile de tournesol • 1 cuil. à soupe de jus de citron jaune • sel fin, poivre rose concassé

Réalisation

Détaillez les filets de poisson en lanières à l'aide d'un couteau bien aiguisé.

Dans une jatte, préparez la marinade : mélangez le gin, l'huile, 1 cuillerée de jus de citron, 1 pincée de cassonade, 1 pincée de sel, le poivre concassé, 1 cuillerée de thé.

Dans un plat à fond creux, déposez le poisson et arrosez-le de marinade.

Couvrez avec du film alimentaire et placez au frais pendant 1 heure.

Égouttez le poisson et servez très frais.

BAR VAPEUR AU CITRON VERT/*Japon*

4 pers. **Prép. : 15 min Cuisson : 20 min** **199 kcal/p**

1 bar de 500 à 600 g • 2 branches de citronnelle • 4 gousses d'ail • 1 carotte nouvelle • coriandre fraîche • 4 petits piments rouges • 1 cuil. à soupe de sucre semoule • 1/2 citron vert • sel fin, poivre noir du moulin

Réalisation

Ciselez la citronnelle.

Incisez en diagonale les deux côtés du poisson.

Dans une jatte, mélangez les gousses d'ail pilées, la carotte émincée, le jus et le zeste du citron, le sucre, les piments et la coriandre ciselée.

Laissez le poisson mariner au frais pendant 30 minutes.

Déposez le bar sur un lit de citronnelle dans le panier supérieur de votre cuit vapeur. Laissez cuire durant 15 à 20 minutes.

Servez chaud avec un riz parfumé.

BOULETTES DE POISSON/*Belgique*

4 pers. **Prép. : 30 min Cuisson : 30 min** **354 kcal/p**

400 g de filets de poisson maigre • 4 tranches de pain de mie • 100 ml de lait écrémé • 200 g de champignons de couche • 20 g de beurre • 100 ml de vin blanc sec • 1/4 de litre de fumet de poisson • 1 cuil. à soupe de farine de blé • 1 jaune d'œuf • sel fin, poivre noir du moulin

Réalisation

Faites pocher les filets de poisson dans de l'eau bouillante légèrement salée.

Hachez-les et réservez le hachis.

Nettoyez et coupez grossièrement les champignons.

Faites tremper le pain dans le lait, mélangez avec le hachis de poisson, les champignons, salez et poivrez.

Hachez à nouveau et formez des boulettes avec vos doigts. Placez-les dans un plat creux. Recouvrez de vin blanc et de fumet de poisson avant de laisser cuire 20 minutes à four chaud. Réservez les boulettes et filtrez le jus de cuisson.

Réalisez un roux avec la farine et le beurre puis mouillez avec le jus de cuisson.
Portez à ébullition et rectifiez l'assaisonnement si nécessaire.
Liez au jaune d'œuf avant de servir les boulettes nappées de sauce au vin.

BROCHETTES D'ESPADON/*Espagne*

4 pers. **Prép. : 5 min Cuisson : 8 min** **285 kcal/P**

600 g d'espadon • 4 cuil. à soupe d'huile d'olive extra-vierge • 1 tomate bien mûre • 1 oignon jaune • 1 poivron vert • 2 gousses d'ail • persil plat • 1 citron jaune • fleur de sel • poivre de Cayenne

Réalisation

Détaillez l'espadon en dés. Mélangez l'huile, la tomate coupée en morceaux, l'oignon grossièrement haché, les poivrons découpés en lanières et une pincée de sel. Ajoutez les dés de poisson et laissez mariner 30 minutes.
Formez des brochettes avec les morceaux de

poisson et faites-les griller environ 4 minutes sur chaque face.
Versez le restant de marinade sur le poisson grillé et servez aussitôt.

CALAMARS FARCIS À LA VÉNITIENNE
Italie

4 pers. **Prép. : 30 min Cuisson : 1 h** **340 kcal/p**

8 calamars • 1 gousse d'ail • 100 ml de vin blanc sec • 1 cuil. à soupe d'huile d'olive • le jus d'1 citron jaune • 1 cuil. à soupe de chapelure • sel fin, poivre noir du moulin

Réalisation
Hachez le persil et la gousse d'ail.
Nettoyez bien les calamars. Détachez les tentacules et réservez-les.
Mélangez l'huile et le jus de citron. Salez et poivrez.
Faites-y mariner les calamars pendant 1 heure.
Hachez les tentacules et mélangez ce hachis avec le persil et l'ail. Ajoutez la chapelure, puis

versez un peu d'huile et de vin blanc. Salez, poivrez. Préchauffez le four à th. 5 (150 °C). Remplissez les calamars avec cette farce et refermez avec du fil de cuisine. Dans une cocotte huilée, disposez les calamars farcis et enfournez pendant 1 heure environ.

CARI DE POISSON/*Inde*

4 pers. **Prép. : 15 min Cuisson : 30 min** **264 kcal/p**

600 g de congre • 4 oignons jaunes • 4 tomates bien mûres • 2 gousses d'ail • 1 petit piment • 1 morceau de gingembre • 1 pincée de safran en poudre • 1 branche de thym émietté • 2 cuil. à soupe d'huile • sel fin, poivre noir du moulin

Réalisation

Coupez le poisson en lanières. Épluchez les oignons, hachez-les finement. Coupez les tomates en petits morceaux. Pilez les gousses d'ail puis ajoutez le sel, le piment et le gingembre râpé.

Chauffez l'huile dans une poêle et faites-y

revenir les oignons et le thym. Ajoutez les épices, le safran puis les tomates.
Couvrez et laissez cuire à petit feu pendant 8 à 10 minutes. Mouillez avec un verre d'eau. Déposez-y les lanières de poisson. Couvrez et laissez cuire 15 minutes supplémentaires. Servez bien chaud dans un plat de service.

CEVICHE/*Pérou*

4 pers. **Prép. : 15 min Réfrigération : 30 min 344 kcal/p**

800 g de filets de bar • 2 oignons jaunes • 2 ciboules • Quelques brins de ciboulette • 4 citrons verts • 1 petit concombre • 1 piment vert • 2 cuil. à soupe d'huile d'olive • sel fin, poivre du moulin

Réalisation

Épluchez les oignons et émincez-les. Émincez la ciboule.
Lavez, séchez et ciselez la ciboulette.
Ouvrez le piment en deux, épépinez-le et émincez-le finement.

Pressez les citrons.
Lavez le concombre, coupez-le en deux dans la longueur puis taillez-le en rondelles.
Coupez le poisson en cubes et mettez-le dans un plat creux.
Ajoutez le concombre, la ciboule, l'oignon, le piment vert et la ciboulette. Salez et poivrez. Arrosez d'un filet d'huile d'olive et de jus de citron.
Mélangez bien et placez au frais pendant 30 minutes. Servez très frais.

COQUILLES SAINT-JACQUES À L'AMÉRICAINE/*États-Unis*

4 pers. **Prép. : 30 min Cuisson : 30 min** **206 kcal/p**

16 noix de Saint-Jacques • 200 g d'encornets • 2 cuil. à soupe d'huile d'olive extra-vierge • 4 échalotes grises • 4 tomates pelées • 1 gousse d'ail • 1 petite carotte • 100 ml de vin blanc sec • 2 cuil. à soupe de cognac • persil plat • sel fin, poivre de Cayenne

Réalisation

Lavez et nettoyez les coquilles avec leur corail. Rincez-les.

Lavez les encornets et coupez-les en lanières. Dans la cocotte, faites revenir les coquilles à feu vif dans l'huile bien chaude. Retirez-les à l'écumoire et réservez-les.

Dans la même matière grasse, faites suer les encornets. Lorsqu'ils ont évaporé toute leur eau, ajoutez les échalotes finement hachées, la carotte râpée et la gousse d'ail écrasée. Faites-les fondre en remuant souvent avant d'ajouter la chair des tomates concassées et le vin blanc. Salez et poivrez.

Couvrez et laissez mijoter 15 à 20 minutes.
En fin de cuisson, ajoutez le cognac et les noix de Saint-Jacques. Laissez réchauffer quelques minutes et rectifiez l'assaisonnement si nécessaire.
Au moment de servir, ajoutez le persil fraîchement ciselé.

CREVETTES ROYALES À LA MADRILÈNE/*Espagne*

4 pers. **Prép. : 30 min Cuisson : 10 min** **215 kcal/p**

12 à 16 crevettes royales • 4 cuil. à soupe d'huile d'olive extra-vierge • 4 cuil. à soupe d'amandes mondées • 2 gousses d'ail • 1 oignon jaune • 2 piments rouges • 2 tomates pelées • 1 feuille de laurier • quelques brins de persil plat • 2 cuil. à soupe de vinaigre de Xérès • sel fin, poivre noir du moulin

Réalisation

Faites revenir les crevettes dans l'huile bien chaude puis réservez-les.
Faites dorer les amandes et les gousses d'ail

pelées conservées entières dans la même huile. Ajoutez l'oignon grossièrement haché, le piment et les tomates pelées et la feuille de laurier. Assaisonnez à votre convenance.
Ôtez le laurier et passez le reste au mixer avec le vinaigre et le persil équeuté. Faites réchauffer la sauce sur feu doux. Ajoutez les crevettes et prolongez la cuisson de 5 minutes. Servez bien chaud.

CURRY DE LA MER AUX PETITS LÉGUMES/*Inde*

4 pers. **Prép. : 20 min Cuisson : 25 min** **425 kcal/p**

12 grosses crevettes roses • 400 g de filets de poisson (cabillaud, sole, flétan,...) • 100 g de riz long • 200 ml de lait de coco • 250 ml de bouillon de volaille dégraissé • 100 g de petits pois • 1 oignon jaune • 1 pomme de terre moyenne • 2 carottes • 2 gousses d'ail • 2 cuil. à soupe d'huile de tournesol • curry en poudre • safran en poudre • fleur de sel

Réalisation

Portez 1 litre d'eau salée à ébullition et faites-y cuire le riz pendant 10 minutes environ.

Pelez et détaillez tous les légumes (pommes de terre, oignons, ail et carottes).

Faites chauffer une cuillerée d'huile et jetez-y l'ail et l'oignon jusqu'à ce qu'ils deviennent translucides. Ajoutez-y le reste des légumes, une pointe de curry et de safran et prolongez la cuisson sur feu vif pendant quelques minutes.

Mouillez avec le bouillon et le lait de coco. Amenez au point d'ébullition, réduisez le feu et laissez mijoter environ 10 minutes (jusqu'à ce que le liquide épaississe un peu).

Ajoutez les filets de poisson, les crevettes décortiquées, les petits pois et poursuivez la cuisson pendant 5 à 10 minutes supplémentaires. Servez bien chaud.

CURRY DE MOULES/*Inde*

4 pers. **Prép. : 15 min Cuisson : 25 min** **232 kcal/p**

1 kg de moules de bouchot • 400 g de tomates pelées • 1 yaourt nature • 2 gousses d'ail • 2 oignons jaunes • 2 cuil. à soupe d'huile d'olive • 100 ml de vin blanc sec • 1 cuil. à soupe de farine de blé • curry en poudre • fleur de sel

Réalisation

Nettoyez les moules et lavez-les plusieurs fois à l'eau froide.

Placez-les dans un faitout avec 1 verre de vin blanc, couvrez et laissez-les s'ouvrir.

Épluchez ail et oignon.

Stoppez la cuisson et laissez les moules reposer à couvert.

Décoquillez-les et filtrez le jus de cuisson sans verser la totalité qui contient des impuretés dans le fond. Réservez au chaud.

Dans une casserole à fond épais, faites chauffer l'huile d'olive et faites revenir les oignons et l'ail hachés sans les laisser colorer.

Jetez-y les tomates concassées, mélangez puis saupoudrez de farine et de curry. Laissez cuire

2 minutes en mélangeant puis ajoutez le jus de cuisson des moules et 1 litre d'eau. Mélangez à nouveau puis salez à votre convenance. Portez à ébullition, baissez le feu et laissez cuire à feu doux pendant 20 minutes. Passez la préparation au mixer et laissez-la réchauffer sur feu doux avant de servir dans des bols de service et d'ajouter les moules décoquillées.

FILETS DE HARENG AUX HERBES
Suède

4 pers. **Prép. : 45 min Attente : 24 h Marin. : 24 h** **257 kcal/p**

8 filets de hareng saur • 1 oignon jaune • 1/4 de litre de vinaigre de vin • 1/4 de litre de vin blanc sec • 40 g de sucre semoule • feuilles de laurier • quelques brins d'aneth

Réalisation

Parez les filets de hareng : ôtez-en la peau et l'arête centrale. Faites-les tremper dans de l'eau froide pendant 24 heures.

Mélangez le vinaigre, le vin et le sucre. Ajoutez le laurier. Faites chauffer jusqu'à dissolution complète du sucre, puis laissez refroidir.
Pelez l'oignon et émincez-le en rondelles. Hachez l'aneth.
Égouttez les filets de poisson, épongez-les avec du papier absorbant et coupez-les en morceaux.
Déposez les morceaux de hareng, les rondelles d'oignon et l'aneth haché dans un saladier. Nappez de marinade.
Placez au réfrigérateur pendant 24 heures avant de servir.

GAMBAS À LA MANGUE SAUCE PIQUANTE/*Chine*

4 pers. **Prép. : 15 min Cuisson : 10 min** **180 kcal/p**

16 gambas • 1 mangue bien mûre • 2 oignons jaunes • quelques ciboules • 5 cl de sauce piquante (en vente en épicerie asiatique) • 2 cuil. à soupe d'huile de sésame • coriandre fraîche • fleur de sel

Réalisation

Décortiquez les gambas, incisez le dos dans la longueur sans les couper totalement en deux.

Pelez et émincez les oignons et les ciboules.

Pelez la mangue, coupez-la en deux, retirez le noyau et coupez la chair en dés.

Dans une poêle, faites chauffer l'huile et faites-y revenir vivement les oignons pendant quelques minutes. Ajoutez les gambas et faites-les revenir en remuant sans cesse.

Versez la sauce piquante, ajoutez la mangue, mélangez bien et laissez cuire sur feu doux pendant 5 minutes.

Ajoutez la coriandre ciselée et servez aussitôt.

GAMBAS À LA VÉNITIENNE/*Italie*

4 pers. **Prép. : 20 min Cuisson : 10 à 15 min** **281 kcal/p**

16 gambas • 200 g de mie de pain rassis • 80 g de beurre allégé • 2 gousses d'ail • 1 bouquet de persil plat • 1 citron jaune • sel fin, poivre noir du moulin

Réalisation

Sortez le beurre du réfrigérateur à l'avance.

Préchauffez le four à th. 7 (210 °C).

Lavez, essorez et hachez le persil. Pelez et hachez les gousses d'ail.

Hachez grossièrement la mie de pain.

Malaxez, à la fourchette, le beurre ramolli avec le persil et l'ail haché. Assaisonnez à votre convenance.

Dressez les gambas dans un plat allant au four. Badigeonnez de beurre manié.

Enfournez et laissez cuire 10 à 15 minutes.

Décorez de rondelles de citron jaune et servez dès la sortie du four.

MAQUEREAUX GRILLÉS À LA DIABLE
Chili

4 pers. **Prép. : 30 min Cuisson : 10 min** **209 kcal/p**

4 maquereaux • 4 tomates pelées • 1 échalote grise • 2 cuil. à soupe d'huile de tournesol • 1 cuil. à soupe de cumin • 1 cuil. à café de sucre semoule • 1 bouquet de coriandre fraîche • quelques feuilles de menthe fraîche • 1 pincée de piment en poudre • le jus d'un citron jaune • 1 piment rouge • sel fin, poivre noir du moulin

Réalisation

Écaillez, videz et lavez les maquereaux. Entaillez les flancs des poissons tous les deux centimètres. Mélangez l'huile, le poivre, le cumin, le sucre, la coriandre et le piment en poudre. Badigeonnez les poissons de cette sauce. Faites cuire les maquereaux au barbecue ou sous le gril du four 3 à 4 minutes de chaque côté selon la grosseur des poissons.

Concassez les tomates pelées, épluchez et hachez finement l'échalote puis mélangez-les au jus de citron, au piment haché et à la menthe fraîche ciselée. Assaisonnez à votre convenance. Placez la sauce tomate au frais jusqu'au moment de servir avec les maquereaux grillés.

POISSON AUX POMMES/*Turquie*

4 pers. **Prép. : 10 min Cuisson : 25 min** **262 kcal/p**

4 pommes golden • 2 gros oignons jaunes • 4 filets de poisson maigre (de 100 g chacun) • 2 cuil. à soupe d'huile d'olive • sel fin, poivre noir du moulin

Réalisation

Épluchez les pommes et coupez-les en quartiers. Répartissez les quartiers de 3 pommes au fond d'un plat allant au four.

Épluchez les oignons et coupez-les en rondelles. Placez les rondelles d'oignons sur les pommes puis ajoutez les filets de poisson. Salez et poivrez à votre convenance.

Recouvrez avec le restant de pommes, ajoutez l'huile et enfournez pendant 20 minutes à four chaud.

POISSON CRU AU LAIT DE COCO
Polynésie

4 pers. **Prép. : 30 min Réfrigération : 1 h** **300 kcal/p**

500 g de filets de poisson cru • 2 citrons verts • 20 cl de lait coco • 1 oignon • 2 ou 3 carottes • 1 concombre • sel fin, poivre du moulin

Réalisation

Détaillez les filets de poisson en petits cubes. Pressez les citrons verts et mélangez le jus obtenu au lait de coco. Versez sur le poisson et réservez au frais.

Pelez puis détaillez l'oignon, le concombre et les carottes en rondelles. Ajoutez-les au poisson mariné, mélangez et replacez au frais pendant une heure.

Égouttez les cubes de poisson, disposez-les sur 4 assiettes de service en dôme, salez, poivrez et servez très frais.

SASHIMIS DE THON AU DAÏKON
Japon

4 pers. **Préparation : 15 min** **318 kcal/p**

400 g de filets de thon rouge • 1 daikon (radis blanc japonais) • 4 cuil. à soupe de wasabi (poudre vert pâle issue d'un raifort japonais) • 4 cuil. à soupe de sauce soja

Réalisation

Détaillez les filets de poisson en coupe plate : maintenez le poisson fermement et coupez-le verticalement de manière à obtenir des tranches de 1 à 2 cm d'épaisseur.

Dressez le poisson sur 4 assiettes de service et placez-les au frais.

Épluchez le radis et râpez-le grossièrement.

Garnissez les assiettes de poisson cru en disposant le râpé en « nid ».

Servez le wasabi et la sauce soja à part.

SAUMON AUX DEUX AGRUMES
Norvège

4 pers. **Prép. : 30 min Cuisson : 20 min** **395kcal/p**

4 pavés de saumon de 100 g chacun • 3 oranges à jus • 1 citron jaune • 2 cuil. à soupe d'huile d'olive • 4 cl de jus de litchi • 4 cuil. à soupe de Grand Marnier • 4 cuil. à soupe de fécule • 1 cuil. à soupe de sucre semoule • fleur de sel

Réalisation

Zestez un citron et une orange. Puis pressez les oranges et les citrons. Dans une jatte, mélangez les jus d'agrumes, une pincée de sel, le sucre semoule, le Grand Marnier, le jus de litchi et les zestes. Incisez les pavés de saumon en croix, faites-les mariner au moins 2 heures dans la préparation précédente et placez au frais. Égouttez le poisson et filtrez la marinade. Saupoudrez le poisson de fécule. Faites chauffer l'huile dans une sauteuse et poêlez les pavés de poisson environ 10 minutes sur chaque face. Faites réduire la marinade de moitié. Servez le poisson dans des assiettes de service nappé de sauce aux agrumes.

STEAKS DE SAUMON AU GINGEMBRE ET AU CITRON VERT/*Japon*

4 pers. **Prép. : 20 min Cuisson : 15 min** **155 kcal/p**

4 steaks de saumon • 1 cuil. à soupe d'huile de sésame • 1 cuil. à soupe de sauce soja • 1 morceau de gingembre frais finement haché • 2 cuil. à soupe de sherry sec • 1 citron vert • 1 bouquet de ciboulette • sel fin, poivre noir du moulin

Réalisation

Mélangez l'huile de sésame, la sauce de soja, le gingembre et le sherry et enduisez les steaks de saumon de ce mélange.

Placez au frais et laissez mariner pendant 30 minutes environ.

Placez les steaks de poisson dans le panier supérieur de votre cuit vapeur et laissez étuver pendant 10 à 15 minutes environ.

Zestez le citron puis coupez-le en quartiers.

Lavez et ciselez la ciboulette.

Servez le poisson dans des assiettes de service, entouré d'herbe ciselée, de zeste et de quartiers de citron vert.

VATAPA DE BAHIA/*Brésil*

4 pers. **Prép. : 25 min Cuisson : 30 min** **228 kcal/p**

16 grosses crevettes cuites et décortiquées • 200 g de filet de lieu • 4 tomates • 2 gousses d'ail • 1 oignon jaune • 1 citron jaune • 1 morceau de gingembre râpé • 1 petit piment • 10 cl de fumet de poisson • 2 cuil. à soupe de cacahuètes • 2 cuil. à soupe de noix de coco râpée • 2 cuil. à soupe d'huile d'olive • 1 bouquet de coriandre fraîche • 1 pincée de paprika en poudre • sel fin, poivre noir du moulin

Réalisation

Pelez et émincez l'oignon et l'ail.
Émincez très finement le piment.
Coupez grossièrement les tomates et réservez le quart du jus de découpe.
Passez les cacahuètes au mixer. Réservez-en aussi le quart.
Dans une grande sauteuse, faites revenir l'oignon dans 1 cuillerée d'huile. Quand l'oignon est devenu transparent, ajoutez la moitié des tomates avec le jus de tomates réservé.
Laissez cuire pendant quelques minutes.
Ajoutez les 3/4 des cacahuètes, 1 cuillerée de

noix de coco râpée, 1 cuillerée de coriandre fraîche ciselée. Mixez le tout.
Réservez dans la sauteuse, ajoutez l'autre moitié des tomates ainsi que le fumet de poisson. Amenez à ébullition et laissez mijoter à découvert pendant 15 minutes jusqu'à ce que cette sauce épaississe. Salez légèrement. Couvrez et gardez au chaud. Salez et poivrez.
Dans le restant d'huile, faites cuire les filets de poissons. À mi-cuisson, retournez-les.
Ajoutez alors les crevettes et la sauce bien chaude. Laissez mijoter quelques minutes supplémentaires.
Décorez avec le restant de cacahuètes, la noix de coco râpée et la coriandre. Servez bien chaud.

WATERZOÏ DE POISSONS/*Belgique*

4 pers. **Prép. : 50 min Cuisson : 15 min** **297 kcal/p**

4 filets de turbot • 4 filets de sole • 1 queue de lotte de 400 g environ • 1/2 litre de moules • 1 oignon jaune • 2 carottes • 2 blancs de poireaux • 1 branche de céleri • 200 ml de vin blanc sec • 20 g de beurre allégé • 1 branche de cerfeuil • sel fin, poivre noir du moulin

Réalisation

Faites fondre le beurre dans une cocotte et faites-y dorer l'oignon grossièrement haché. Ajoutez les moules et quelques feuilles de céleri ; mouillez avec le vin blanc ; couvrez et laissez les moules s'ouvrir à feu vif. Égouttez-les, décoquillez-les et filtrez le jus de cuisson. Détaillez les légumes en julienne. Placez-les dans un faitout, recouvrez-les de bouillon, couvrez et laissez étuver à feu moyen pendant 10 à 15 minutes.

Déposez les poissons détaillés en morceaux, salez, poivrez, mouillez avec le restant de jus de cuisson, couvrez et prolongez la cuisson pendant 15 minutes environ.

•

ALBONDIGAS/*Mexique*

4 pers. **Prép. : 40 min Cuisson : 45 min** **301 kcal/p**

100 g de viande de porc maigre hachée • 100 g de viande de bœuf hachée • 1 œuf entier • 1 oignon • 2 tomates • 4 cuil. à soupe de chapelure • 1 piment vert • persil plat • 2 cuil. à soupe de farine de blé • 2 cuil. à soupe d'huile d'olive • sel, poivre • 1 feuille de laurier • 1 cuil. à soupe de vinaigre de Xérès

Réalisation

Pelez et hachez les tomates et l'oignon. Hachez le piment. Mélangez la viande de porc et de bœuf, l'œuf, la chapelure, le persil haché et l'ail. Poivrez généreusement.
Confectionnez des boulettes et roulez-les légèrement dans la farine. Faites-les frire quelques minutes à la poêle dans un peu d'huile.
Égouttez-les minutieusement et mettez-les dans un plat en terre.
Dans la même poêle, faites fondre l'oignon et

le piment. Ajoutez ensuite la tomate, le Xérès et le laurier. Laisser bouillir le temps que la sauce prenne une consistance onctueuse.
Versez alors la sauce sur les boulettes et laissez cuire au four pendant 20 minutes à th. 6 (180 °C).

BŒUF AUX OIGNONS/*Chine*

4 pers. **Préparation : 15 min Cuisson : 10 min 171 kcal/p**

3 tranches de rumsteck de 100 g chacune • 4 oignons moyens • 2 cuil. à soupe de sauce soja • 2 cuil. à soupe de vinaigre de vin blanc • 1 cuil. à café de sucre semoule • 1 cuil. à soupe d'huile de sésame • gingembre frais râpé

Réalisation

Épluchez les oignons et émincez-les grossièrement.
Faites chauffer l'huile dans une sauteuse. Faites-y revenir les oignons. Lorsqu'ils sont dorés, ajoutez 50 ml d'eau, saupoudrez de gingembre et salez légèrement. Réduisez le feu, couvrez et prolongez la cuisson jusqu'à

ce que les oignons soient tendres.
Déglacez avec le vinaigre et saupoudrez de sucre semoule. Prolongez la cuisson d'une minute.
Coupez la viande de bœuf en lanières épaisses de 4 mm. Sortez les oignons et réservez-les au chaud. Saisissez la viande sur feu vif et ajoutez la sauce soja.
Jetez les oignons dans la sauteuse, remuez et rectifiez l'assaisonnement si nécessaire. Servez aussitôt.

BŒUF MARINÉ AU NUOC-MÂM
Chine

4 pers. **Prép. : 25 min Cuisson : 10 min** **267 kcal/p**

300 g de viande de bœuf maigre • 1 oignon jaune • 1 concombre • 1 cœur de batavia • 1 botte de menthe • 2 échalotes grises • 100 ml de nuoc-mâm • 1 cuil. à soupe d'huile de sésame • 1 cuil. à soupe de vinaigre de vin 100 g de vermicelle de riz • 100 g de pousses de soja • 1 cuil. à soupe de sucre semoule • 1 tige de citronnelle • 1 carotte • 1 cuil. à soupe de jus de citron jaune

Réalisation

Faites ramollir le vermicelle pendant 2 heures dans un saladier plein d'eau.

Épluchez et râpez la carotte et laissez-la mariner dans 20 cl d'eau avec le vinaigre, 1 cuillerée à café de sucre et 1 pincée de sel.

Coupez la viande en petits morceaux.

Dans un saladier, laissez-la mariner dans le nuoc-mâm et la citronnelle finement hachée.

Lavez la salade et les feuilles de menthe. Ciselez-les.

Égouttez le vermicelle et plongez-le dans de

l'eau bouillante légèrement salée pendant 2 à 3 minutes.
Dans des bols de service, répartissez le soja préalablement égoutté, la batavia, la menthe et le vermicelle.
Épluchez et détaillez les oignons.
Faites-les suer dans une cuillerée d'huile puis ajoutez la viande marinée.
Ajoutez-les au mélange précédent.
Détaillez finement le concombre, râpez la carotte et hachez les échalotes.Terminez de composer les bols et servez aussitôt.

BOLCHOÏ/*Russie*

4 pers. **Prép. : 30 min Cuisson : 20 min** **200 kcal/p**

2 betteraves cuites • 1 carotte • 1 pomme granny-smith • 2 œufs entiers • 50 g de blanc de poulet • 4 cuil. à soupe de fromage blanc à 0 % de MG • 20 g de beurre allégé • 2 cuil. à soupe de noix pilées • 2 cuil. à soupe d'emmental râpé allégé • 1 gousse d'ail • 1 cuil. à café de sucre semoule • sel fin, poivre noir du moulin

Réalisation

Pelez et détaillez grossièrement la carotte. Faites-la cuire à l'eau bouillante légèrement salée. Laissez refroidir.

Faites durcir les œufs.

Détaillez la viande en fines lanières et faites-les dorer dans un peu de beurre fondu. Salez et poivrez.

Râpez grossièrement les betteraves et réservez-les.

Séparez le blanc et le jaune des œufs durs. Râpez le blanc des œufs et écrasez les jaunes. Pelez et écrasez l'ail.

Râpez la pomme et réservez-la.

Mélangez l'ail et la betterave. Étalez le mélange en une couche fine dans un plat rond (30 cm de diamètre). Couvrez avec une cuillerée de fromage blanc. Étalez les carottes au-dessus. Saupoudrez de sucre semoule. Étalez ensuite une couche de noix pilées.

Couvrez avec le restant de fromage blanc. Étalez au-dessus une couche de pomme puis le fromage râpé.

Mélangez le blanc des œufs avec la viande. Étalez ce mélange au-dessus.

Parsemez de jaune écrasé et du restant de beurre.

Placez sous le gril du four pendant quelques minutes et servez aussitôt.

BOULETTES DE VIANDE/*Croatie*

4 pers. **Prép. : 10 min Cuisson : 10 min** **365 kcal/p**

200 g de viande de bœuf hachée • 200 g de viande de porc maigre hachée • 1 œuf • persil plat • 1 échalote grise • 2 gousses d'ail • 1 cuil. à soupe d'huile de sésame • 2 cuil. à soupe de nuoc-mâm • 1 cuil. à soupe de farine de blé • coriandre en grains • noix de muscade râpée • sel fin, poivre noir en grains

Réalisation

Pilez la coriandre, l'ail et le poivre en grains. Ajoutez la noix de muscade, les viandes hachées, l'œuf, l'échalote hachée et le nuoc-mâm. Mélangez et formez des petites boulettes avec les doigts.

Roulez-les dans la farine et faites-les frire dans une cuillerée d'huile bien chaude.

Lorsqu'elles sont dorées, retirez-les et mettez-les sur une serviette en papier pour absorber l'excédent de matières grasses. Parsemez de persil ciselé et servez chaud.

BRIOUATES À LA VIANDE/*Maroc*

4 pers. **Prép. : 15 min Cuisson : 10 min** **180 kcal/p**

12 feuilles de brick • 200 g de viande de bœuf hachée à 5 % de MG • 2 oignons jaunes • 1 bouquet de coriandre fraîche • 2 cuil. à soupe de cannelle en poudre • 20 g de beurre • 2 cuil. à soupe d'huile de tournesol • sel fin, poivre noir du moulin

Réalisation

Pelez et émincez les oignons. Lavez, séchez, effeuillez et ciselez la coriandre. Faites chauffer l'huile dans une poêle et faites-y revenir les oignons avec la viande. Ajoutez la cannelle et la coriandre. Mélangez. Faites cuire 5 minutes en remuant de temps à autre. Étalez les feuilles de brick sur votre plan de travail en les superposant 2 par 2. Déposez au centre un peu de préparation à la viande. Salez et poivrez. Refermez les feuilles de brick en forme de triangle. Faites fondre le beurre dans une sauteuse. Faites dorer les briouates de chaque côté puis déposez-les sur du papier absorbant avant de servir.

BROCHETTES DE PORC LAQUÉ AUX FIGUES/*Chine*

4 pers. **Prép. : 15 min Cuisson : 15 min** **262 kcal/p**

600 g de filet mignon de porc • 4 figues • 1 gousse d'ail • le jus d'1 orange • 2 cuil. à soupe de vin blanc • 2 cuil. à soupe de miel • gingembre en poudre • 1 cuil. à soupe d'huile de sésame • 3 cuil. à soupe de sauce soja

Réalisation

Coupez la viande en gros cubes et déposez-les dans un plat creux.

Préparez la marinade : pelez et pressez l'ail en purée. Pressez le jus d'orange, mélangez-le à l'ail, au vin blanc, à l'huile, au miel et à la sauce soja.

Saupoudrez la viande de gingembre puis arrosez-la de marinade. Mélangez, couvrez et réservez la viande au réfrigérateur pendant 30 minutes au moins.

Rincez et séchez les figues puis coupez-les en quartiers de taille identique.

Formez les brochettes en alternant les morceaux de viande avec les quartiers de fruit.

Versez la marinade dans une casserole et laissez-la réduire sur feu vif pour qu'elle épaississe en sirop.
Badigeonnez les brochettes de marinade et faites griller au barbecue ou sous le gril du four pendant 10 minutes environ.
Servez aussitôt.

CARPACCIO DE BŒUF AUX TOMATES SÉCHÉES/*Italie*

4 pers. **Cong. : 30 min Prép. : 20 min** **252 kcal/p**

400 g de filet de bœuf • 1/2 citron jaune • 2 cuil. à soupe d'huile d'olive • 40 g de tomates séchées • 1 pincée d'origan • 1 bouquet de coriandre fraîche • fleur de sel, poivre noir concassé

Réalisation

Enveloppez la viande dans du film alimentaire et placez-la dans votre freezer pendant au moins 30 minutes.
Extrayez le jus du citron et mélangez-le à

l'huile d'olive. Poivrez et saupoudrez d'origan. Tranchez les tomates séchées en fines lamelles. Lavez le bouquet de coriandre et ciselez-le. Ajoutez-les à la préparation précédente.

Tranchez finement la viande à l'aide d'un couteau bien aiguisé et disposez-la en corolle sur 4 assiettes de service.

Nappez de sauce, saupoudrez de fleur de sel et servez bien frais.

COLOMBO DE LAPIN/*Caraïbes*

4 pers. **Prép. : 25 min Cuisson : 40 min** **250 kcal/p**

600 g de viande de lapin • 2 gousses d'ail • 2 oignons jaunes • 3 pieds de cives • 1 citron jaune • persil plat • thym émietté • 2 clous de girofle • 2 cuil. à soupe de colombo en poudre • 1 pincée de piment en poudre • 2 cuil. à soupe d'huile de tournesol • sel gros, poivre noir du moulin

Réalisation

Découpez la viande en morceaux, ajoutez le gros sel, l'ail pilé, les oignons et le citron émincés en rondelles, du poivre et 1 cuillerée de poudre de colombo.

Laissez macérer 1 heure (cette préparation peut être faite la veille).

Faites chauffer l'huile, incorporez les épices hachées et laissez revenir quelques secondes.

Ajoutez la poudre à colombo restante, les clous de girofle, versez un peu d'eau et ajoutez les morceaux de viande.

Remuez, couvrez et laissez cuire pendant 30 minutes environ. Rectifiez l'assaisonnement et servez avec du riz.

TARTARE ÀUX OLIVES/*Liban*

4 pers. **Préparation : 20 min** **302 kcal/p**

800 g de viande de bœuf fraîchement hachée • 2 oignons jaunes • 1 gousse d'ail • 1 bouquet de persil plat • quelques brins de ciboulette • 1 citron vert • 1 citron jaune • 12 olives noires dénoyautées • sel fin, poivre du moulin

Réalisation

Pelez le citron jaune à vif et coupez la pulpe en tout petits dés.

Coupez le citron vert en rondelles assez fines.

Lavez, séchez, effeuillez et ciselez finement les herbes.

Hachez grossièrement les olives.

Pelez et hachez les oignons et l'ail.

Dans un saladier, mélangez tous les ingrédients sauf le citron vert. Salez et poivrez.

Servez très frais, agrémenté de rondelles de citron vert.

YASSA DE POULET/*Sénégal*

4 pers. **Prép. : 15 min Cuisson : 20 min** **237 kcal/p**

4 cuisses de poulet cuites • 4 oignons jaunes • 1 petit piment • 2 cuil. à soupe d'huile d'arachide • 4 limes • 1 bouquet garni • sel fin, poivre noir du moulin

Réalisation

Préparez la marinade : épluchez les oignons, émincez-les ainsi que le piment. Pressez les citrons. Dans un grand saladier, mettez les oignons, le piment, le jus des citrons, du thym, du laurier, du sel et du poivre puis déposez les morceaux de poulet effilochés. Laissez mariner la nuit. Retirez le poulet de la marinade, épongez et faites poêler la viande dans une sauteuse pendant quelques minutes.

À part, faites chauffer l'huile, ajoutez les oignons marinés et laissez rissoler puis ajoutez le jus de la marinade et portez à ébullition. Ajoutez le poulet, réduisez le feu et laissez mijoter 15 minutes supplémentaires. Servez bien chaud.

GOULACHE/*Hongrie*

4 pers. **Prép. : 20 min Cuisson : 55 min** **270 kcal/p**

600 g de bœuf à braiser • 2 oignons jaunes • 2 cubes de bouillon de bœuf • 4 tomates • 10 g de beurre • paprika en poudre • 1 pincée de cumin • marjolaine • 100 ml de vin rouge corsé • sel fin, poivre noir du moulin

Réalisation

Coupez la viande en cubes. Pelez et émincez les oignons.

Faites fondre le beurre dans une sauteuse et faites-y revenir l'oignon.

Ajoutez les cubes de bouillon, une pincée de paprika, le cumin et la marjolaine. Mélangez bien.

Versez le vin et laissez cuire 20 minutes à feu doux en remuant de temps en temps.

Retirez les pédoncules des tomates et plongez-les dans l'eau bouillante quelques secondes. Égouttez-les, pelez-les, épépinez-les et coupez-les en larges lamelles.

Ajoutez les lamelles de tomates dans la sauteuse. Versez un verre d'eau, mélangez bien et poursuivez la cuisson pendant 25 minutes. Versez le goulache dans un plat creux et servez chaud avec des pommes de terre vapeur.

JAMBON À L'ANANAS/*Antilles*

4 pers. **Prép. : 10 min Cuisson : 1 h 15** **256 kcal/p**

4 tranches épaisses (1 cm) de jambon à l'os • 1 carotte • 1 oignon jaune • 2 clous de girofle • 1 bouquet garni • 1 branche de céleri • 4 tranches d'ananas au sirop • 200 ml de vin blanc sec • 2 cuil. à soupe de sucre semoule • 10 g de beurre • sel fin, poivre noir en grains

Réalisation

Épluchez la carotte et coupez-la en rondelles. Pelez l'oignon et piquez-le des 2 clous de girofle.

Effilez la branche de céleri.

Dans un faitout, placez le jambon, ajoutez les rondelles de carotte, l'oignon, le bouquet garni, le vin blanc, la branche de céleri, du sel et du poivre en grains. Couvrez d'eau et laissez cuire pendant environ 1 heure.

Égouttez le jambon et retirez-en la couenne.

Badigeonnez les tranches de jambon de sirop d'ananas et saupoudrez de sucre en poudre.

Faites caraméliser au gril en retournant la viande à mi-cuisson.

Au moment de servir, faites chauffer le beurre dans une poêle et passez-y rapidement les tranches d'ananas.

Servez le jambon caramélisé dans des assiettes de service entouré de tranches d'ananas rôti.

MILLE-FEUILLES DE VEAU/*Italie*

4 pers. **Prép. : 15 min Cuisson : 20 min** **317 kcal/p**

4 escalopes de veau • 1 petite aubergine • 100 g de mozzarella • 2 tomates • 2 échalotes • 2 cuil. à soupe d'huile d'olive • 4 feuilles de sauge • sel fin, poivre du moulin

Réalisation

Coupez l'aubergine en tranches régulières. Détaillez les tomates en rondelles assez épaisses. Épluchez et émincez les échalotes.

Faites chauffer l'huile dans une sauteuse et plongez-y les tranches aubergine. Épongez-les et réservez.

Réalisez les mille-feuilles : déposez sur chaque tranche de viande, quelques lamelles d'aubergine, une rondelle de tomate, les échalotes émincées, deux ou trois tranches de mozzarella et une feuille de sauge. Salez et poivrez. Enveloppez-les dans du papier d'aluminium. Déposez-les dans le bol inférieur du cuit vapeur et laissez cuire pendant 20 minutes environ.

Servez aussitôt.

MOUSSAKA/*Grèce*

4 pers. **Préparation : 20 min Cuisson : 1 h** **357 kcal/p**

4 aubergines moyennes • 1 oignon jaune • 1/2 litre de lait écrémé • 2 cuil. à soupe de farine de blé • 20 g de beurre • 200 g de viande d'agneau hachée • 100 ml de vin blanc sec • 2 tomates pelées • 2 œufs • 1 cuil. à soupe d'huile d'olive extra-vierge • 2 cuil. à soupe de chapelure • persil plat • 2 cuil. à soupe de parmesan râpé • 1 pincée de muscade en poudre • sel fin, poivre noir du moulin

Réalisation

Épluchez l'oignon, hachez-le grossièrement. Coupez les aubergines en fines rondelles. Faites chauffer l'huile dans une poêle et faites-y revenir l'oignon ainsi que les aubergines. Ajoutez la viande hachée et mouillez avec un demi verre d'eau. Incorporez les tomates, le persil ciselé, le vin, salez et poivrez. Laissez mijoter à couvert pendant 20 minutes. Séparez les blancs des jaunes d'œufs. Retirez du feu, ajoutez la chapelure et les blancs d'œufs. Mélangez vivement. Disposez dans un plat allant au four.

Préchauffez le four à th. 6 (180 °C).
Faites un roux avec la farine et le beurre fondu puis versez le lait petit à petit. Salez, poivrez et muscadez.
Incorporez les jaunes d'œufs battus à la sauce béchamel.
Nappez les aubergines de cet appareil, saupoudrez de parmesan et faites cuire pendant 40 à 45 minutes.

OSSO-BUCCO DE VEAU/*Italie*

4 pers. **Prép. : 30 min Cuisson : 1 h 30** **365 kcal/p**

500 g de jarret de veau • 1 oignon • 1 cuil. à soupe de raisins de Corinthe • 1/2 boîte d'abricots en conserve • 5 cl de porto • 10 cl de bouillon de volaille dégraissé • 2 cuil. à soupe de crème fraîche légère • 20 g de beurre • 1 bouquet garni • 1 pincée de curry en poudre • 2 cuil. à soupe de moutarde à l'ancienne • sel fin, poivre du moulin

Réalisation

Laissez macérer les raisins dans le porto

pendant 20 à 30 minutes. Épluchez et hachez finement l'oignon.

Faites roussir le hachis d'oignon dans le beurre et réservez.

Tranchez la viande en 4 parts égales.

Badigeonnez-la de moutarde et disposez-la dans le bol à mijoter de votre cuit vapeur.

Ajoutez-y les raisins marinés, les abricots coupés en deux ou en quatre sans leur jus, l'oignon, le bouquet garni, le bouillon de volaille et le curry. Salez et poivrez. Laissez mijoter pendant 1h 30.

Retirez la viande et les fruits et réservez au chaud.

Passez la sauce au chinois et faites-la réduire de moitié. Déglacez avec la crème et rectifiez l'assaisonnement si nécessaire.

Disposez chaque tranche de jarret dans une assiette, entourez-la de fruits et nappez de sauce. Servez aussitôt.

PORC AU CARAMEL/*Chine*

4 pers. **Prép. : 30 min Cuisson : 45 min** **193 kcal/p**

400 g de filet mignon de porc • 1 oignon jaune • 2 échalotes • 2 gousses d'ail • 2 cuil. à soupe de sauce nuoc-mâm • 2 cuil. à soupe de caramel liquide • 2 cuil. à soupe d'huile de tournesol • 25 cl d'eau • sel fin, poivre du moulin

Réalisation

Épluchez l'ail et les échalotes, hachez-les. Détaillez la viande en petits morceaux et laissez-la mariner 15 minutes au minimum avec l'ail, les échalotes, une pincée de sucre, du sel et du poivre.

Pelez et détaillez l'oignon en rondelles.

Faites chauffer l'huile dans une sauteuse et laissez-y dorer les oignons. Ajoutez la viande, le caramel et le nuoc-mâm. Mélangez et réduisez le feu. Mouillez avec l'eau, couvrez et laissez cuire 15 à 20 minutes. Rectifiez l'assaisonnement avant de servir bien chaud.

PORC SAUTÉ AUX POUSSES DE BAMBOU/*Chine*

4 pers. **Prép. : 15 min Cuisson : 10 min** **190 kcal/p**

400 g de filet mignon de porc • 1 poivron rouge • 2 échalotes • 2 cuil. à soupe de champignons noirs • 1 boîte de pousses de bambou • 2 cuil. à soupe de sauce soja • 2 cuil. à soupe de vinaigre de Xérès • 1 cuil. à soupe de miel liquide • 2 cuil. à soupe d'huile de pépins de raisin • sel fin, poivre du moulin

Réalisation

Faites tremper les champignons noirs dans l'eau tiède.

Détaillez le filet mignon en fines lanières et mettez-les dans un plat creux.

Mélangez la sauce soja, le vinaigre de Xérès et le miel.

Versez ce mélange sur la viande et laissez mariner pendant 15 minutes.

Lavez le poivron, retirez le pédoncule, le cœur et les pépins. Coupez le poivron en lamelles.

Pelez les échalotes, coupez-les en deux et taillez-les en fines lamelles dans leur longueur.

Égouttez et rincez les pousses de bambou et

taillez-les également en lamelles.
Égouttez les champignons et émincez-les.
Faites chauffer l'huile dans une grande sauteuse et saisissez-y les échalotes puis ajoutez les poivrons et les champignons. Faites cuire quelques minutes à feu vif en remuant.
Ajoutez les pousses de bambou et les lamelles de porc. Poursuivez la cuisson 5 minutes supplémentaires sans cesser de remuer.
Versez dessus la marinade de la viande. Mélangez bien, rectifiez l'assaisonnement si nécessaire. Servez aussitôt.

POULET À LA MENTHE ET AUX CITRONS CONFITS/*Chine*

4 pers. **Prép. : 20 min Cuisson : 20 min** **280 kcal/p**

600 g de blancs de poulet • 50 g de beurre doux • 2 oignons jaune • 1/4 litre de bouillon de volaille dégraissé • quelques feuilles de menthe fraîche • coriandre • persil et ciboulette • 2 citrons jaunes • sel fin, poivre noir du moulin

Réalisation

Lavez les citrons, zestez-les grossièrement puis pressez-les.

Épluchez les oignons et détaillez-les en lamelles. Détaillez la viande en lanières régulières. Faites fondre 10 g de beurre dans une sauteuse à revêtement anti-adhésif et faites revenir les oignons.

Ajoutez le poulet et mouillez avec le bouillon. Salez et poivrez. Couvrez et laissez cuire pendant environ 20 minutes.

Pendant ce temps, lavez et ciselez la menthe, la coriandre, le persil et la ciboulette.

Dans une casserole, faites fondre le beurre restant avec les herbes et la moitié de la menthe ciselée. Versez le beurre aux herbes sur le poulet avec le jus des citrons et les zestes râpés. Laissez mijoter 10 minutes supplémentaires. Servez dans un plat de service creux, agrémentez de menthe ciselée.

POULET À LA PORTUGAISE/*Portugal*

4 pers. **Prép. : 20 min Cuisson : 1 h** **293 kcal/p**

4 cuisses de poulet fermier • 1 cuil. à soupe d'huile d'olive • 10 g de beurre • 8 tomates • 1 oignon jaune • 100 ml de vin blanc sec • persil plat • sel fin, poivre noir du moulin

Réalisation

Pelez et émincez l'oignon. Retirez les pédoncules des tomates et plongez-les quelques secondes dans l'eau bouillante.

Quand la peau se détache, égouttez-les et pelez-les. Coupez-les ensuite en deux, épépinez-les et coupez-les en morceaux. Réservez. Faites chauffer le beurre et l'huile dans une cocotte. Faites-y revenir l'oignon puis faites

dorer les cuisses de poulet sur toutes leurs faces. Salez et poivrez.
Couvrez et laissez mijoter pendant 30 minutes.
Ajoutez les tomates et poursuivez la cuisson 15 minutes à demi-couvert.
Sortez les cuisses de poulet de la cocotte, versez le vin blanc et faites réduire de moitié la sauce à feu vif.
Rectifiez l'assaisonnement et versez sur le poulet. Parsemez de persil et servez aussitôt.

POULET AU SAFRAN/*Espagne*

4 pers. **Prép. : 20 min Cuisson : 40 min** **388 kcal/p**

4 cuisses de poulet • 4 dl de bouillon de volaille dégraissé • 100 g de riz long • 1 pincée de safran • 3 tomates • 3 courgettes • 1 poivron rouge • 1 poivron vert • Sel, poivre

Réalisation

Disposez les cuisses de poulet dans le bol à riz de votre cuit vapeur, assaisonnez de sel, poivre et safran.

Ajoutez-y le riz et mouillez de bouillon de volaille.

Placez le bol à riz dans le bol inférieur. Coupez les tomates en quartiers, les courgettes en tronçons sans les peler et les poivrons en lanières. Disposez tous les légumes dans le bol du haut. Faites cuire à la vapeur 40 minutes.

Servez dans un plat de service, la viande et les légumes arrosés de bouillon.

POULET AUX ÉPICES/*Inde*

4 pers. **Prép. : 30 min Cuisson : 1 h 30** **317 kcal/p**

4 cuisses de poulet • 2 oignons jaunes • 2 yaourts nature • 2 gousses d'ail • 10 g de beurre • curry en poudre • cumin en poudre • 1 bâton de cannelle • quelques graines de cardamome • 1 pointe de quatre-épices • safran en filament • fleur de sel, poivre noir du moulin

Réalisation

Faites chauffer le beurre dans une cocotte, ajoutez-y l'ail et les oignons pelés et finement émincés puis laissez dorer durant 3 minutes.
Ajoutez les cuisses de poulet dépouillées de leur peau et laissez dorer sur feu vif.
Battez les yaourts avec le quatre-épices, le curry et le sel et versez sur le poulet.
Faites cuire à feu doux et à couvert pendant 1 heure. Quinze minutes avant la fin de la cuisson, ajoutez la cannelle, le cumin, la cardamome, le safran et une pointe de Cayenne.
Retirez le poulet, filtrez la sauce, mixez-la pour qu'elle soit bien lisse et servez dans un plat de service creux.

POULET AU LAIT DE COCO/*Antilles*

4 pers. **Prép. : 15 min Cuisson : 1 h 30 min** **220 kcal/p**

500 à 600 g de blancs de poulet • 1 oignon jaune • 1 poivron rouge • 20 cl de lait de coco • 2 cuil. à soupe d'huile de tournesol • 2 cuil. à soupe de crème fraîche allégée • 1 pincée de curry en poudre • sel fin, poivre du moulin

Réalisation

Détaillez la viande en fines lamelles.

Pelez et émincez grossièrement l'oignon. Pelez le poivron, ôtez le pédoncule et égrainez-le.

Dans une sauteuse, faites chauffer l'huile et laissez-y roussir les légumes. Ajoutez la viande et faites revenir le tout 5 minutes environ. Salez et poivrez.

Disposez cette préparation dans le bol à mijoter, mouillez avec le lait de coco et saupoudrez de curry. Mélangez et laissez mijoter pendant 1 h 30.

Retirez la viande et faites réduire la sauce de moitié. Déglacez avec la crème légère et rectifiez l'assaisonnement si nécessaire.

Servez bien chaud dans un plat de service.

CURRY DE CANARD À LA BANANE

Chine

4 pers. **Prép. : 15 min Cuisson : 30 min** **271 kcal/p**

2 filets de canard de 200 g chacun ou 1 gros • 2 bananes • 1 morceau de gingembre frais • 1/2 citron vert • curry en poudre • 2 cuil. à soupe d'huile d'arachide • sel fin, poivre noir du moulin

Réalisation

Retirez le gras des filets et coupez la viande en lamelles.

Râpez finement le zeste du citron vert, pressez-le.

Épluchez les bananes et coupez-les en grosses rondelles. Arrosez-les du jus de citron.

Épluchez et râpez finement le gingembre.

Faites chauffer l'huile dans une cocotte, ajoutez les lamelles de canard et faites-les revenir 2 minutes en remuant.

Ajoutez-y une pincée de curry et du gingembre râpé.

Versez 10 cl d'eau dans la cocotte, mélangez bien. Salez et poivrez légèrement.

Couvrez et faites cuire 15 minutes en mélangeant de temps en temps.
Ajoutez alors les zestes de citron vert et les rondelles de banane avec leur jus.
Mélangez délicatement et poursuivez la cuisson pendant 15 minutes environ. Servez aussitôt.

•

ARTICHAUTS À LA GRECQUE/*Grèce*

4 pers. **Prép. : 1 h Cuisson : 20 min** **154 kcal/p**

1 boîte de fonds d'artichaut • 2 oignons jaunes • 2 citrons jaunes • 100 ml de vin blanc sec • quelques grains de coriandre • 1 cuil. à soupe de sucre semoule • 2 cuil. à soupe d'huile d'olive • 1 bouquet garni • sel fin, poivre noir en grains

Réalisation

Citronnez les fonds d'artichaut pour éviter qu'ils ne noircissent.

Coupez-les en 8 puis mettez-les en attente dans de l'eau froide vinaigrée.

Pelez les oignons. Écrasez les grains de poivre.

Coupez le citron restant en rondelles.

Détaillez les oignons en rondelles et laissez-les dorer dans un fond d'huile. Assaisonnez à votre convenance. Mouillez avec le vin blanc, ajoutez le laurier, le thym, le sucre et le poivre. Faites reprendre l'ébullition puis ajoutez les fonds d'artichaut, les rondelles de citron et recouvrez d'eau. Laissez mijoter et réduire de moitié. Laissez refroidir et placez au frais jusqu'au moment de servir.

ASPERGES AU PARMIGIANO ROMANO/*Italie*

4 pers. **Prép. : 10 min Cuisson : 20 min** **118 kcal/p**

800 g d'asperges vertes • 20 g de beurre allégé • 50 g de parmesan râpé • sel fin, poivre noir du moulin

Réalisation

Grattez les asperges, coupez les extrémités sur environ 5 cm.

Plongez-les dans de l'eau bouillante légèrement salée et laissez bouillir pendant 10 minutes.

Égouttez-les et essuyez-les dans du papier absorbant.

Faites fondre le beurre dans une poêle et ajoutez-y les asperges dès que le beurre commence à mousser. Retirez-les et déposez-les dans un plat à gratin. Assaisonnez à votre convenance. Saupoudrez de parmesan et passez sous le gril du four pour les faire gratiner. Servez aussitôt.

AUBERGINES À LA NAPOLITAINE
Italie

4 pers. **Prép. : 30 min Cuisson : 30 min** **95 kcal/p**

4 petites aubergines • 2 filets d'anchois • 1 gousse d'ail • 2 tomates • 2 oignons • 4 cuil. à soupe de parmesan râpé • herbes de Provence • sel fin, poivre du moulin

Réalisation

Coupez les extrémités des aubergines et détaillez-les en rondelles.

Placez-les dans le panier supérieur de votre cuit vapeur et laissez cuire 20 minutes environ à la vapeur.

Pelez les oignons, l'ail et les tomates et détaillez-les en petits cubes.

Faites-les fondre dans une petite casserole, salez, poivrez et ajoutez les anchois et les

herbes de Provence.
Disposez les aubergines dans un plat à gratin, nappez de sauce tomate et saupoudrez de parmesan râpé. Passez sous le gril du four et laissez gratiner quelques minutes.
Servez aussitôt.

AUBERGINES AUX TOMATES/*Turquie*

4 pers. **Préparation : 30 min Cuisson : 1 h** **140 kcal/p**

4 aubergines moyennes • 400 g de tomates pelées en boîte • 2 cuil. à soupe de concentré de tomates • 2 gros oignons • 4 gousses d'ail • 1 poivron rouge • 2 cuil. à soupe d'huile d'olive • herbes de Provence • sel, poivre

Réalisation
Préchauffez votre four th. 8 (240 °C) et huilez la plaque à l'aide d'un pinceau.
Coupez les extrémités des aubergines et fendez-les dans le sens de la longueur en vous arrêtant à 2 cm des extrémités. Badigeonnez-

les d'huile et laissez-les cuire 30 minutes.
Pendant ce temps, préparez la sauce tomate : pelez et hachez les oignons et les gousses d'ail. Concassez les tomates. Faites chauffez le restant d'huile et faites-y dorer les oignons. Ajoutez ensuite l'ail, les tomates, le concentré de tomates, les herbes et assaisonnez le tout. Laissez réduire sur feu doux pendant 15 minutes.

Coupez le poivron en deux ou en quatre, égrainez-le et débarrassez-le des parties blanches. Passez-le sous le gril du four côté peau vers la résistance. Laissez refroidir et pelez-le. Détaillez-le en lanières.

Déposez les aubergines dans un plat allant au four, côté fendu sur le dessus. Farcissez-les de sauce tomate et disposez dessus les lanières de poivrons. Versez le restant de sauce dans le fond du plat et laissez cuire pendant 30 minutes environ.

Servez dès la sortie du four.

CHOU VERT À LA LIÉGEOISE/*Belgique*

4 pers. **Prép. : 30 min Cuisson : 1 h 30 min** **218 kcal/p**

1 chou frisé • 1 morceau de plat de côtes de porc • 4 pommes de terre • 2 gousses d'ail • 1 bouquet garni • sel fin, poivre noir du moulin

Réalisation

Lavez le chou et détaillez-le grossièrement. Faites-le blanchir dans de l'eau bouillante légèrement salée. Égouttez et réservez-le.

Faites revenir le plat de côte à sec, recouvrez d'eau et portez à ébullition. Ajoutez une pincée de sel, le bouquet garni, les gousses d'ail pelées, le chou et les pommes de terre coupées en morceaux.

Couvrez et laissez mijoter environ 45 minutes. Égouttez et servez le chou dans un plat de service creux.

COURGETTES AU PARMESAN/*Italie*

4 pers. **Prép. : 15 à 20 min Cuisson : 10 min** **130 kcal/p**

4 courgettes • 2 cuil. à soupe d'huile d'olive extra-vierge • 2 cuil. à soupe de parmesan râpé • 2 gousses d'ail • 2 cuil. à soupe de jus de citron jaune • sel fin, poivre noir du moulin

Réalisation

Coupez les extrémités des courgettes sans les peler et coupez-les en deux dans le sens de la longueur.

Pelez l'ail et et écrasez-le au pilon.

Dans une poêle anti-adhésive, faites chauffer l'huile. Faites-y blondir les courgettes, côté chair en premier. Assaisonnez-les, retournez-les, couvrez et prolongez la cuisson sur feu doux pendant 10 minutes environ.

Arrosez les courgettes de jus de citron, saupoudrez d'ail et de parmesan et passez-les sous le gril du four pendant 2 minutes, juste le temps de les gratiner légèrement.

Servez bien chaud dans un plat de service.

CURRY DE POIS CHICHES À LA CARDAMOME/*Inde*

4 pers. **Prép. : 15 min Cuisson : 1 h 20** **218 kcal/p**

150 g de pois chiches • 3 oignons jaunes • 15 g de gingembre frais • 1 gousse d'ail • 2 cuil. à soupe d'huile d'olive • 250 g de tomates pelées • quelques graines de cardamome • 8 clous de girofle • 2 feuilles de laurier • quelques grains de poivre • 1 cuil. à soupe de graines de cumin • 1 cuil. à soupe de graines de coriandre • 1 cuil. à soupe de curcuma

Réalisation

Lavez les pois chiches à l'eau froide et laissez-les tremper 12 heures à température ambiante en prenant soin de les recouvrir complètement.

Égouttez-les, placez-les dans une casserole à fond épais; recouvrez-les d'eau, ajoutez le sel, la cardamome, les clous de girofle, les feuilles de laurier, les grains de poivre et le cumin. Faites bouillir, réduisez le feu et laissez mijoter pendant 50 minutes environ.

Égouttez et réservez le bouillon de cuisson.

Épluchez et émincez les oignons et l'ail. Faites

chauffer l'huile dans une poêle et faites-y dorer les oignons. Ajoutez le gingembre râpé et l'ail et poursuivez la cuisson pendant 10 minutes environ.Incorporez le curcuma, la coriandre, les grains de poivre et les tomates pelées. Ajoutez les pois chiches ; recouvrez d'eau et laissez mijoter pendant 20 à 25 minutes. Égouttez et servez chaud dans un plat de service.

ENDIVES À L'ARDENNAISE/*Belgique*

4 pers. **Prép. : 10 min Cuisson : 1 h 10** **372 kcal/p**

8 endives Perles du Nord • 2 tranches de jambon cru de montagne • 1 quartier de citron jaune • 20 g de beurre • 1 tablette de bouillon de bœuf dégraissé • noix de muscade râpée • sel fin, poivre noir du moulin

Réalisation

Retirez les feuilles flétries des endives ainsi que le centre du pied en creusant un cône à l'intérieur ; lavez-les rapidement sous l'eau et partagez-les dans la longueur si elles sont trop

épaisses. Dans une cocotte, faites fondre le beurre et placez-y les endives, poivrez et saupoudrez de noix de muscade.
Émiettez le bouillon de bœuf, versez 30 cl d'eau chaude et amenez doucement à ébullition. Mouillez les endives, réduisez le feu, couvrez et laissez étuver pendant 20 minutes environ.
Effilochez le jambon avec vos doigts. Répartissez-le sur les endives et prolongez la cuisson de 10 minutes supplémentaires.
Égouttez les endives, sortez l'effilochée de jambon et réservez-les.
Faites réduire le jus de cuisson en augmentant le feu, pour ne garder que la valeur d'un verre et y ajouter le jus du quart de citron.
Servez les endives et le jambon dans un plat de service nappés de la sauce citronnée.

GÂTEAU AUX CAROTTES/*Suisse*

4 pers. **Prép. : 30 min Cuisson : 50 min** **130 kcal/p**

4 œufs entiers • 200 g d'édulcorant en poudre • 1 pincée de cannelle en poudre • le jus et le zeste d'1/2 citron • 4 cuil. à soupe de noisettes en poudre • 6 carottes • 1 pincée de safran • 2 cuil. à soupe de farine de blé • 1 cuil. à café de levure de boulanger

Réalisation

Préchauffez votre four à th. 6 (180 °C).

Séparez les blancs des jaunes d'œufs et battez les jaunes avec l'édulcorant, 2 cuillerées d'eau, la cannelle, le zeste et le jus du citron. Incorporez la poudre de noisettes et les carottes râpées, mélangez.

Battez les blancs en neige bien ferme en ajoutant une pincée de sel. Incorporez-les au mélange précédent.

Mélangez la farine et la poudre à lever et faites de même. Placez le tout dans une tourtière tapissée de papier sulfurisé beurré, enfournez et laissez cuire pendant 50 minutes.

Vérifiez la cuisson avec la pointe d'un couteau et laissez refroidir avant de servir en tranches.

GÂTEAU DE MAÏS/*Côte d'Ivoire*

4 pers. **Prép. : 10 min Cuisson : 1 h** **164 kcal/p**

4 épis de maïs • 1 cuil. à soupe de sucre semoule • 2 cuil. à soupe d'huile de maïs • 4 feuilles de bananier

Réalisation

Lavez les épis de maïs et épongez-les avant de les égrainer. Passez-les au mixer jusqu'à obtention d'une pâte homogène.

Mélangez cette pâte avec le sucre et l'huile tiédie.

Formez un amas de pâte au centre de chaque feuille de bananier et faites cuire à l'étuvée pendant 1 heure environ.

Servez tiède.

Feu doux pendant 10 minutes environ.

Mouillez de bouillon, ajoutez les pommes de terre pelées et coupées en morceaux, le laurier, le cumin et le concentré de tomates. Couvrez et laissez cuire pendant 15 à 20 minutes. Au moment de servir, ajoutez le paprika et rectifiez l'assaisonnement si nécessaire.

GOULACHE AUX PLEUROTES/*Slovénie*

4 pers. **Prép. : 5 min Cuisson : 30 min** **168 kcal/p**

1 kg de pleurotes • 2 pommes de terre • 2 oignons jaunes • 2 gousses d'ail • 20 g de beurre • 2 cuil. à soupe de jus de citron • 2 cuil. à soupe de concentré de tomates • 1 feuille de laurier • 1 cuil. à soupe de cumin • 100 ml de bouillon de légumes • paprika en poudre • sel fin, poivre noir du moulin

Réalisation

Brossez les champignons en les conservant entiers.

Faites fondre le beurre dans une poêle, ajoutez-y le jus de citron et l'oignon émincé et laissez cuire jusqu'à ce que l'oignon devienne translucide.

Ajoutez les champignons et l'ail écrasé, couvrez et laissez mijoter à feu doux pendant 10 min. Mouillez de bouillon, ajoutez les pommes de terre pelées et coupées en morceaux, le laurier, le cumin et le concentré de tomates. Couvrez et laissez cuire pendant 15 min. Au moment de servir, ajoutez le paprika.

KURI GOHAN / *Japon*

4 pers. **Prép. : 20 min Cuisson : 30 min** **183 kcal/p**

150 g de riz cru • 100 g de marrons • 2 cuil. à soupe de saké • 2 cuil. à soupe de graines de sésame grillées • 1 pincée de sel

Réalisation

Pelez les marrons, retirez la peau intérieure amère et laissez-les tremper 1 heure dans de l'eau froide.

Lavez le riz, égouttez-le et laissez-le reposer 1 heure dans la passoire.

Dans une casserole, placez tous les ingrédients avec de l'eau et portez à ébullition pendant 5 minutes environ.
Réduisez le feu et prolongez la cuisson pendant 15 minutes supplémentaires.
Stoppez la cuisson et laissez les ingrédients dans l'eau de cuisson encore 5 à 10 minutes avant de les égoutter.
Servez bien chaud.

MARMELADE D'ENDIVES/*Belgique*

4 pers. **Prép. : 15 min Cuisson : 50 min** **63 kcal/p**

6 endives • 1/2 verre d'eau • 100 g d'édulcorant en poudre • 1 morceau de gingembre frais • 1 pincée de cannelle en poudre • 1 pincée de muscade en poudre • le zeste d'1/2 orange non traitée • sel fin, poivre blanc moulu

Réalisation

Préparez un sirop en portant à ébullition l'eau et l'édulcorant en poudre. Râpez le gingembre. Ôtez les extrémités des endives, coupez-les

en deux dans le sens de la longueur et débarrassez-les du centre, responsable de l'amertume du légume. Plongez-les dans le sirop, ajoutez le gingembre, le zeste d'orange et les épices. Laissez « compoter » sur feu doux à couvert pendant 45 minutes environ.
Retirez le zeste et le gingembre et conditionnez les endives dans des verrines. Fermez hermétiquement et retournez les pots pour faire le vide d'air.
Conservez au frais et servez dans la semaine en accompagnement d'une viande grillée.

PILAF D'ISTANBUL/*Turquie*

4 pers. **Prép. : 20 min Cuisson : 50 min** **360 kcal/p**

200 g de riz long • 100 g de foies de volaille • 100 g de blanc de poulet • 100 g de petits pois écossés • 2 cuil. à soupe d'amandes mondées • 2 cuil. à soupe d'huile de pépins de raisin • 1/2 litre de fond de volaille dégraissé • 1 pointe de safran en filaments • sel fin, poivre du moulin

Réalisation

Faites cuire le riz pendant 10 minutes dans de l'eau bouillante légèrement salée. Égouttez-le et réservez. Nettoyez les foies, rincez-les et séchez-les dans du papier absorbant. Taillez-les en morceaux. Coupez le blanc de poulet en fines lanières.

Faites dorer les foies de volaille et le blanc de poulet dans de l'huile bien chaude.

Mouillez avec le fond de volaille chaud, incorporez le safran et salez à votre convenance. Ajoutez les petits pois, le riz et les amandes. Mélangez bien.

Faites cuire, sur feu moyen, jusqu'à ce que le riz ait absorbé presque tout le liquide, puis, sur feu extrêmement doux, laissez le riz gonfler, à couvert, pendant 20 minutes environ. Servez aussitôt.

POIVRONS GRILLÉS/*Espagne*

4 pers. **Prép. : 15 min Cuisson : 1 h 10 min** **112 kcal/p**

3 gros poivrons rouges • 1 oignon jaune • 2 gousses d'ail • 500 g de tomates pelées • 2 cuil. à soupe d'huile d'olive extra-vierge • 2 cuil. à soupe de vinaigre de vin • 1 cuil. à soupe de sucre semoule • sel fin, poivre noir du moulin

Réalisation

Lavez les poivrons, coupez-les en deux, épépinez-les et ôtez les parties blanches. Faites chauffer le four th. 6 (180 °C). Déposez-les sur la plaque du four côté peau et laissez-les griller pendant 40 minutes. Couvrez-les d'un papier d'aluminium afin de les faire transpirer et pouvoir ainsi les peler plus facilement. Pelez-les et détaillez-les en lanières. Pelez et émincez l'oignon et l'ail. Dans un mortier, pilez les tomates avec l'émincé d'oignon et d'ail. Faites chauffer l'huile dans une poêle et laissez-y revenir les lanières de poivron. Ajoutez les tomates, le vinaigre et le sucre semoule. Baissez le feu et laissez confire pendant 30 minutes. Servez chaud ou froid.

POMMES DE TERRE PILÉES AUX HARICOTS ROUGES/*Cameroun*

4 pers. **Prép. : 10 min Cuisson : 35 min** **224 kcal/p**

4 pommes de terre moyennes • 1 boîte de haricots rouges • 100 g de blancs de poulet cuit • 1 oignon jaune • 1 piment rouge • 2 cuil. à soupe d'huile d'arachide • sel fin, poivre du moulin

Réalisation

Épluchez et émincez l'oignon. Lavez et épépinez le piment, coupez-le en très petits morceaux.

Portez 2 litres d'eau salée à ébullition et plongez-y les pommes de terre. Laissez cuire 20 à 25 minutes. Vérifiez la cuisson avec la pointe d'un couteau.

Égouttez-les puis épluchez-les.

Faites chauffer l'huile et laissez-y dorer l'oignon émincé.

Passez les pommes de terre et les haricots rouges au mixer jusqu'à obtention d'une purée homogène.

Dressez les assiettes : disposez la purée, ajoutez quelques anneaux d'oignon caramélisés, le blanc de poulet effiloché et le piment haché. Servez bien chaud.

PURÉE FLAMANDE/*Belgique*

4 pers. **Prép. : 20 min Cuisson : 30 min** **125 kcal/p**

600 g de choux de Bruxelles • 250 g de pommes de terre • 2 cuil. à soupe de crème fraîche épaisse allégée • 10 g de beurre • sel fin, poivre noir du moulin

Réalisation

Faites cuire les choux de Bruxelles à l'eau salée pendant 15 à 20 minutes.

Faites cuire les pommes de terre au cuit vapeur pendant 15 minutes à partir du chuchotement de la soupape.

Passez les légumes au moulin, salez et poivrez à votre convenance.

Incorporez la crème et le beurre avant de servir bien chaud.

RISOTTO A LA PARMIGGIANI/*Italie*

4 pers. **Prép. : 15 min Cuisson : 1 h** **230 kcal/p**

200 g de riz rond • 1 échalote • 70 cl de bouillon de volaille dégraissé • 30 g de parmesan râpé • sel fin, poivre du moulin

Réalisation

Rincez le riz à grande eau. Pelez et émincez finement l'échalote.

Placez le riz, le hachis d'échalote et le bouillon de volaille dans le bol à mijoter du cuit vapeur. Faites cuire le tout pendant 1 heure environ.

Disposez le riz dans un plat allant au four et parsemez de fromage râpé. Passez sous le gril du four quelques minutes et servez aussitôt.

SAUTÉ DE LÉGUMES AU SOJA/*Chine*

4 pers. **Prép. : 20 min Cuisson : 15 min** **86 kcal/p**

4 carottes • 2 courgettes • 1 poivron vert • 100 g de pois gourmands • 100 g de germes de soja • 50 g de champignons noirs • 2 cuil. à soupe de sauce soja • 1 cuil. à soupe d'huile • graines de coriandre • poivre du moulin

Réalisation

Réhydratez les champignons noirs dans de l'eau pendant 15 minutes. Pendant ce temps, épluchez les carottes et détaillez-les en lanières.

Coupez les courgettes en tranches et le poivron en fines lanières. Effilez les pois gourmands. Égouttez les champignons et émincez-les. Chauffez l'huile dans une sauteuse et ajoutez le poivron, les carottes et les courgettes. Laissez dorer sur feu vif pendant 5 minutes tout en remuant pour éviter que les légumes n'attachent. Ajoutez les pois, les champignons, les germes de soja, la sauce de soja, 100 ml d'eau, poivrez légèrement et ajoutez les graines de coriandre. Couvrez et prolongez la cuisson 10 minutes à feu moyen. Vérifiez la cuisson : les légumes doivent être cuits mais encore croquants. Dégustez aussitôt.

SAVARIN DE COURGETTES AU CURRY/*Inde*

4 pers. **Prép. : 20 min Cuisson : 55 min** **215 kcal/p**

6 courgettes • 80 g de mimolette • 2 œufs entiers • 20 cl de crème fleurette allégée • curry en poudre • 10 g de beurre • 1 cuil. à café de sucre semoule • sel fin, poivre blanc du moulin

Réalisation

Préchauffez le four th.7 (210 °C).

Beurrez un moule à savarin et saupoudrez-le de sucre.

Lavez les courgettes et ôtez les extrémités. Pelez-les en laissant une lanière de peau sur deux. Détaillez 4 courgettes en rondelles fines et faites-les cuire 10 minutes à la vapeur. Coupez celles qui restent en lamelles fines dans le sens de la longueur, faites-les cuire aussi à la vapeur 10 minutes et disposez-les à cheval dans le moule.

Mettez les œufs, la crème, la mimolette dans le bol d'un robot, salez, poivrez, ajoutez le curry et mixez jusqu'à ce que vous obteniez une crème lisse.

Épongez les rondelles de courgettes avec du papier absorbant et mélangez-les à la crème.

Versez la préparation dans le moule et faites cuire 35 minutes au four.

Démoulez la couronne sur un plat avant de servir chaud ou tiède.

TARTARE DE TOMATES À LA CORIANDRE/*Italie*

4 pers. **Prép. : 15 min Réfrigération : 1 h** **130 kcal/p**

4 grosses tomates • 4 cuil. à soupe d'huile d'olive extra-vierge • 1 bouquet de coriandre • fleur de sel, poivre du moulin

Réalisation

Incisez les tomates en forme de croix en leur centre et plongez-les dans de l'eau bouillante légèrement salée pendant quelques minutes. Égouttez-les, laissez-les refroidir et pelez-les. Coupez-les en quatre, débarrassez-les des parties dures et détaillez-les en petits cubes. Dans une jatte, versez les dés de tomates, une pincée de sel, du poivre, deux cuillerées d'huile et la coriandre fraîchement ciselée. Réservez au frais pendant au moins 1 heure. Dressez les assiettes : façonnez en leur centre un dôme avec le tartare de tomates, versez dessus un filet d'huile d'olive et décorez de quelques feuilles de coriandre.

TOMATES CONFITES/*Maroc*

4 pers. **Prép. : 30 min Cuisson : 30 min** **89 kcal/p**

6 tomates • 1 oignon rouge • 2 gousses d'ail • 1 botte de persil plat • 1 bouquet de coriandre fraîche • 1 cuil. à soupe de cumin • 2 cuil. à soupe de sucre semoule • 1 cuil. à soupe de piment fort en poudre • 1 cuil. à soupe de paprika en poudre • 1 cuil. à soupe d'huile d'olive extra-vierge • fleur de sel

Réalisation

Pelez les tomates et découpez-les en petits dés. Réservez-les dans un plat creux.

Pelez et hachez les oignons et les gousses d'ail. Dans une sauteuse, faites chauffer l'huile d'olive et faites-y revenir le hachis d'oignon et d'ail.

Réduisez le feu, couvrez et laissez suer pendant 5 minutes environ. Salez et poivrez.

Ajoutez les tomates, le cumin, le paprika et le piment. Laissez cuire et confire à petit feu pendant 20 minutes. Ajoutez enfin le persil, la coriandre ciselés et le sucre semoule.

Laissez mijoter quelques minutes puis retirez du feu. Servez bien chaud.

•

ALFAJORES/*Argentine*

4 pers. **Prép. : 20 min Cuisson : 10 min** **295 kcal/p**

150 g de Maïzena • 100 g de beurre allégé • 4 cuil. à soupe d'édulcorant en poudre • 2 jaunes d'œufs • 4 cuil. à soupe de farine • 1 cuil. à soupe de cognac • 1 cuil. à soupe de levure chimique • 1 cuil. à soupe de bicarbonate de soude • 2 cuil. à soupe de zeste de citron râpé • 1 cuil. à soupe d'extrait de vanille • 1 cuil. à soupe de noix de coco râpée

Réalisation

Battez le beurre, les jaunes d'œufs et l'édulcorant.

Tamisez la farine, la Maïzena, la levure et le bicarbonate et ajoutez-les à la préparation précédente avec le cognac, l'extrait de vanille et le zeste de citron râpé.

Faites une pâte et laissez-la reposer au réfrigérateur pendant 30 minutes environ.

Préchauffez votre four th. 6 (180 °C).

Étendez la pâte sur une épaisseur d'1 cm et

coupez des rondelles de 4 cm de diamètre. Placez-les sur une plaque propre et enfournez-les pendant 10 minutes.
Laissez refroidir puis saupoudrez de coco râpée. Conservez les biscuits dans une boîte métallique à l'abri de la lumière.

AMANDINE À L'ORANGE
Royaume-Uni

4 pers. **Prép. : 30 min Cuisson : 1 h** **137 kcal/p**

2 oranges non traitées • 4 œufs entiers • 4 cuil. à soupe de poudre d'amandes • 1/2 sachet de levure chimique • 4 cuil. à soupe d'édulcorant en poudre

Réalisation

Faites cuire les oranges avec la peau dans une casserole d'eau pendant 30 minutes environ. Préchauffez votre four à th. 5 (150 °C).
Sortez les oranges, laissez-les refroidir avant de les détailler en quartiers et de les épépiner. Passez la chair et la peau au mixer.

Battez les jaunes d'œufs et l'édulcorant jusqu'à obtention d'un appareil mousseux et légèrement blanchi.
Ajoutez les oranges mixées et la levure.
Battez les blancs en neige bien ferme.
Incorporez la poudre d'amandes puis les blancs en neige très délicatement à l'aide d'une spatule en bois.
Versez dans un moule à manquer et enfournez à mi-hauteur pendant 30 minutes environ.
Vérifiez la cuisson avec la pointe d'un couteau.
Laissez refroidir avant de servir en tranches.

BANANES AU RHUM/*Antilles*

4 pers. **Prép. : 10 min Cuisson : 15 min** **138 kcal/p**

4 grosses bananes • 100 g d'édulcorant en poudre • 2 cuil. à soupe de rhum brun • 50 ml de lait de coco.

Réalisation

Pelez les bananes et coupez-les en quatre.

Portez 1/4 l d'eau à ébullition avec l'édulcorant et mélangez jusqu'à complète dissolution.

Laissez bouillir à gros bouillons pendant quelques minutes.

Réduisez le feu, plongez les bananes dans ce sirop, ajoutez le rhum et laissez cuire 10 à 15 minutes jusqu'à ce que les bananes soient tendres.

Retirez les bananes et réservez-les au chaud.

Filtrez le jus, conservez-en 100 ml et mélangez-les au lait de coco. Édulcorez à votre convenance et nappez les bananes tièdes de cette sauce au moment de servir.

BANANES RÔTIES À LA CANNELLE
Côte d'Ivoire

4 pers. **Prép. : 20 min Cuisson : 10 min** **172 kcal/p**

4 bananes • 1 cuil. à soupe de cannelle en poudre • 2 cuil. à soupe de sucre semoule • 4 cuil. à soupe de raisins secs • 10 g de beurre • 1 cuil. à soupe de fécule de maïs • le jus d'1 citron jaune • 2 cuil. à soupe de rhum brun

Réalisation

Dans une poêle, faites fondre le beurre à feu moyen et faites-y revenir les bananes pelées et coupées en deux dans la longueur jusqu'à ce qu'elles soient légèrement dorées.

Ajoutez le jus du citron en réservant 2 cuillerées à soupe, la cannelle et le sucre.

Amenez à ébullition et faites cuire à feu doux quelques minutes.

Dans une casserole, mélangez les raisins, 25 cl d'eau et le rhum. Amenez à ébullition, délayez la fécule avec les 2 cuillerées à soupe de jus de citron et incorporez-la au sirop. Retirez du feu. Incorporez le beurre et versez sur les bananes chaudes. Servez immédiatement.

BETCHÉE AUX FRAISES/*Belgique*

4 pers. **Prép. : 20 min** **145 kcal/p**

500 g de fraises gariguette • 300 g de fromage blanc à 0 % de MG • 100 g d'édulcorant en poudre • 2 œufs entiers • 100 ml de lait écrémé • 1 citron jaune • 1 pincée de cannelle en poudre

Réalisation

Nettoyez et équeutez les fraises. Conservez-en une dizaine pour la décoration. Passez le restant au mixer jusqu'à obtention d'un coulis homogène. Pressez le citron.

Séparez les blancs des jaunes d'œufs.

Dans un plat creux, mélangez soigneusement le fromage blanc, le lait, les jaunes d'œufs, l'édulcorant, la cannelle et le jus de citron. Versez ce mélange dans un compotier et recouvrez avec les fraises passées.

Disposez dessus les fraises réservées en corolle et placez au frais jusqu'au moment de servir. Juste avant de servir, vous pouvez décorer les coupes avec des zestes de citron et des feuilles de menthe.

BLANC-MANGER À LA VANILLE
Antilles

4 pers. **Prép. : 30 min Cuisson : 15 min** **155 kcal/p**

100 g de fromage blanc à 0 % de MG • 1/2 l de lait écrémé • 20 cl de crème fleurette allégée • 150 g de génoise (fond rond) • 4 cuil. à soupe d'édulcorant en poudre thermostable • 4 feuilles de gélatine alimentaire • 4 abricots rouges du Roussillon • 2 gousses de vanille Bourbon

Réalisation

Faites ramollir les feuilles de gélatine dans de l'eau froide.

Fendez les gousses de vanille en deux dans le sens de la longueur et grattez-en les graines à l'aide de la pointe d'un couteau.

Faites chauffer le lait dans une casserole avec une gousse de vanille. Portez à ébullition, stoppez la cuisson, couvrez et laissez infuser quelques minutes.

Incorporez le lait aromatisé au fromage blanc puis sucrez à l'édulcorant.

Égouttez la gélatine et faites-la fondre dans 2 ou 3 cuillérées d'eau chaude. Remuez jus-

qu'à sa dissolution complète. Versez-la sur le fromage blanc et mélangez.
Fouettez la crème en chantilly et incorporez-la à la préparation précédente. Réservez au frais.
Dans une casserole, portez 200 ml d'eau édulcorée à ébullition et plongez-y les abricots dénoyautés et coupés en deux et ajoutez la gousse de vanille restante.
Laissez cuire pendant 15 à 20 minutes et vérifiez la cuisson des fruits avec la pointe d'un couteau. Les oreillons doivent pouvoir être transpercés sans difficulté.
Coupez 4 cercles de génoise à l'aide d'un verre retourné. Disposez dessus les oreillons tranchés en fines lamelles et recouvrez avec la préparation laitière.
Façonnez et lissez le blanc-manger à la spatule et placez au réfrigérateur pendant 2 à 3 heures avant de servir.

COUPE DE FRUITS EXOTIQUES
Caraïbes

4 pers. **Prép. : 15 min Réfrigération : 1 h** **155 kcal/p**

1 mangue bien mûre • 2 papayes • 8 litchis • 2 caramboles • 1 petite grappe de raisin noir • 1 citron vert • 4 cl de jus d'ananas • 2 cl de rhum blanc

Réalisation

Coupez les caramboles en tranches régulières et pelez les litchis.

Coupez les papayes en deux, épépinez-les, pelez-les et détaillez la chair en petits cubes.

Coupez la mangue en deux et ôtez le noyau. Pelez-la et coupez la pulpe en dés.

Disposez les fruits dans des coupes à dessert.

Pressez le citron, ajoutez le jus ainsi obtenu au jus d'ananas et au rhum. Versez sur les fruits et placez les coupes au réfrigérateur pendant au moins 1 heure avant de servir.

COUPE DE GOYAVES AU RHUM BRUN
Martinique

4 pers. **Préparation : 15 min** **200 kcal/p**

8 goyaves • 2 citrons verts • 2 oranges • 10 cl de crème fleurette allégée • 2 cuil. à soupe de rhum brun • 4 cuil. à soupe d'édulcorant en poudre

Réalisation

Pressez les oranges et les citrons verts. Dans une jatte, mélangez le rhum, l'édulcorant en poudre et le jus des agrumes. Réservez au frais.
Pelez les goyaves, coupez-les en deux et épépinez-les. Détaillez la chair en petits morceaux. Disposez les fruits dans des raviers individuels et nappez-les de marinade au rhum.
Montez la crème fleurette en chantilly et décorez les coupes de fruits.
Servez aussitôt.

CRÈME À LA MANDARINE ET AU THÉ

Chine

4 pers. **Prép. : 15 min Cuisson : 45 min** **201 kcal/p**

8 mandarines • 2 œufs entiers • 2 jaunes d'œufs • 100 g d'édulcorant en poudre • 20 g de beurre • 10 cl de crème fleurette allégée • 10 cl de thé fort

Réalisation

Prélevez les zestes de 4 mandarines et pressez-les toutes.

Dans une casserole, mettez les œufs entiers, les jaunes, l'édulcorant, le beurre en morceaux, la crème, le thé, le jus et les zestes de mandarines.

Faites cuire sur feu très doux sans arrêter de remuer au fouet jusqu'a ce que le mélange épaississe légèrement. Retirez du feu, versez la préparation dans 4 coupelles puis mettez au four au bain-marie pendant 45 min th. 4 (120 °C). Laissez reposer les crèmes à la mandarine 30 minutes avant de les déguster tièdes ou froides.

CRÈME AU LAIT DE COCO/*Chine*

4 pers. **Prép. : 10 min Cuisson : 20 min** **236 kcal/p**

2 jaunes d'œufs • 200 ml de lait de coco • 100 g d'édulcorant en poudre • 1 mangue fraîche • 1 cuil. à soupe de noix de coco râpée • 10 g de beurre

Réalisation

Préchauffez le four th. 6 (180 °C).

Dans une jatte, placez l'édulcorant et les jaunes d'œufs, mélangez bien.

Faites chauffer le lait de coco et versez-le petit à petit sur les œufs.

Beurrez 4 ramequins allant au four, versez de l'eau chaude dans un plat (pour faire un bain-marie) et enfournez pour 20 minutes.

Le dessus des crèmes ne doit pas trop colorer.

Coupez la mangue en petits dés. Sortez les crèmes du four et laissez-les refroidir. Déposez sur le dessus les dés de mangue, saupoudrez de noix de coco et servez aussitôt.

CRÈME CATALANE/*Espagne*

4 pers. **Prép. : 15 min Réfrigération : 1 h** **174 kcal/p**

4 jaunes d'œufs • 3/4 l de lait écrémé • 100 g d'édulcorant en poudre • 3 cuil. à soupe de Maïzena • 1/2 citron jaune • 1 bâton de cannelle • cannelle en poudre

Réalisation

Dans une casserole, faites bouillir le lait avec l'édulcorant, le zeste du citron et le bâton de cannelle. Retirez du feu.

Délayez la Maïzena dans quelques cuillerées à soupe de lait chaud puis ajoutez les jaunes d'œuf au lait restant et faites chauffer à feu doux.

Ajoutez la Maïzena délayée, mélangez et laissez épaissir.

Versez la crème dans des verrines individuelles et laissez refroidir.

Saupoudrez de cannelle et placez les crèmes au frais jusqu'au moment de servir.

CRÈME GLACÉE AU KIWI
Nouvelle-Zélande

4 pers. **Prép. : 20 min Congélation : 2 à 4 h** **251 kcal/p**

8 œufs entiers • 4 kiwis • 200 g d'édulcorant en poudre • 1/2 litre de lait écrémé • 1 cuil. à soupe de jus de citron vert

Réalisation

Séparez les blancs d'œufs des jaunes et montez les blancs en neige très ferme. Ajoutez l'édulcorant et fouettez à nouveau.

Dans une jatte, mélangez les jaunes avec le lait puis incorporez le mélange aux blancs d'œufs.

À l'aide d'une fourchette, réduisez la chair des kiwis en purée et incorporez-la au mélange précédent.

Versez dans une sorbetière et laissez prendre pendant 2 à 4 heures au congélateur.

FLAN AUX RAISINS
République Dominicaine

4 pers. **Prép. : 20 min Cuisson : 45 à 50 min 173 kcal/p**

1 boîte de lait concentré non sucré • 4 œufs entiers • 1 cuil. à soupe d'extrait de vanille • 100 g d'édulcorant en poudre • 4 cuil. à soupe de raisins secs • sel fin

Réalisation

Faites chauffer le four th. 6 (180 °C).
Mélangez le lait concentré, une pincée de sel, les œufs et la vanille.
Dans une casserole, faire fondre l'édulcorant dans quelques cuillerées d'eau.
Versez dans la préparation aux œufs ; ajoutez les raisins secs et mélangez vivement.
Versez l'appareil dans un moule allant au four.
Préparez un bain-marie et enfournez pendant 45 à 50 minutes.
Vérifiez la cuisson de la même façon que pour un gâteau en introduisant au centre une lame de couteau. Lorsqu'elle est propre, le flan est cuit. Laissez refroidir à température ambiante et servez.

FRUITS EXOTIQUES À LA GELÉE DE MANGUE/*Chine*

4 pers. **Prép. : 20 min Cuisson : 2 min** **145 kcal/p**

1 mangue de 400 g environ • 2 kiwis • 2 caramboles • 1 citron vert • 2 cuil. à soupe de miel • 2 feuilles de gélatine • feuilles de menthe

Réalisation

Pelez la mangue, dénoyautez-la et coupez la pulpe en morceaux.

Pressez le citron pour en extraire le jus et passez-le au mixer avec la mangue pour obtenir une purée de fruit.

Faites ramollir les feuilles de gélatine dans un bol d'eau froide. Versez le miel dans une casserole et chauffez sur feu doux jusqu'à liquéfaction. Égouttez la gélatine et ajoutez-la au miel. Mélangez jusqu'à dissolution complète de la gélatine. Laissez refroidir.

Ajoutez ce mélange à la purée de mangue et mixez à nouveau.

Répartissez la gelée dans 4 raviers individuels.

Pelez les kiwis et les caramboles et coupez-

les en rondelles. Répartissez les fruits dans les raviers.
Décorez de feuilles de menthe et placez au réfrigérateur jusqu'au moment de servir.

LEITE CRÈME/*Portugal*

4 pers. **Prép. : 10 min Cuisson : 20 min** **128 kcal/p**

1/2 litre de lait écrémé • 4 jaunes d'œufs • 2 cuil. à soupe de farine de blé • 1 pincée de sel • 100 g d'édulcorant en poudre • 1 cuil. à soupe de zestes de citron • 1 bâton de cannelle • 2 cuil. à soupe de cassonade • 2 cuil. à soupe de cannelle en poudre

Réalisation
Mélangez la farine dans quelques cuillerées de lait puis réservez.
Dans une casserole, versez le lait, ajoutez les zestes de citron et le bâton de cannelle. Faites chauffer à feu doux sans cesser de remuer et retirez du feu dès les premiers bouillons. Laissez tiédir. Battez les jaunes d'œufs avec

l'édulcorant et la cannelle en poudre, incorporez au lait tiède et replacez sur feu doux.
Incorporez la farine délayée, replacez sur le feu et laissez épaissir.
Retirez les zestes de citron et le bâton de cannelle.
Versez dans un plat creux et laissez refroidir jusqu'à ce que la crème forme une peau en surface.
Saupoudrez de cassonade et faites brûler la crème sous le gril du four.
Servez tiède ou froid.

MARMELADE DE FRUITS EXOTIQUES
Antilles

4 pers. **Prép. : 15 min Cuisson : 15 min** **186 kcal/p**

1 petit ananas • 3 kiwis • 2 bananes pas trop mûres • 2 fruits de la passion • 1 mangue • 1 goyave • le jus d'1 citron vert • le jus d'1 citron jaune • 100 g d'édulcorant en poudre

Réalisation

Pelez l'ananas et retirez la partie centrale. Épluchez les kiwis, les bananes et la mangue. Coupez tous les fruits en petits dés et mettez-les dans un saladier. Ouvrez la goyave et les fruits de la passion en deux et prélevez l'intérieur à l'aide d'une petite cuillère. Ajoutez l'édulcorant en poudre, le jus des citrons, remuez et laissez macérer 2 heures au frais. Disposez tous les fruits dans le panier supérieur de votre autocuiseur et le liquide de macération dans le fond de la cocotte. Fermez la cocotte. Dès le sifflement de la soupape, réduisez le feu et laissez cuire 15 minutes. Placez au réfrigérateur jusqu'au moment de servir.

MOUSSE AU CITRON VERT/*Antilles*

4 pers. **Prép. : 20 min Réfrigération : 4 h** **42 kcal/p**

1 citron vert non traité • 2 blancs d'œufs • 200 g de fromage blanc à 0 % de MG • 6 cuil. à soupe d'édulcorant en poudre

Réalisation

Râpez le zeste du citron et extrayez-en le jus. Dans un saladier, mélangez le fromage blanc, le zeste et le jus de citron.

Fouettez les blancs d'œufs en neige très ferme. Ajoutez l'édulcorant et battez le mélange encore 1 minute supplémentaire.

Incorporez délicatement la neige obtenue au fromage blanc citronné.

Versez cette préparation dans un moule, couvrez et laissez prendre au réfrigérateur pendant au moins 4 heures.

MOUSSE DE FROMAGE BLANC À LA GOYAVE/ *Caraïbes*

4 pers. **Prép. : 30 min Réfrigération : 2 h** **127 kcal/p**

250 g de fromage à 0 % de MG • 10 cl de crème liquide légère • 4 goyaves bien mûres • 1 cuil. à café de jus de citron • 4 à 6 cuil. à soupe d'édulcorant en poudre • 1 cuil. à café d'extrait de vanille liquide

Réalisation

Fouettez la crème liquide bien froide en chantilly. Dans un bol, mélangez le fromage blanc avec l'édulcorant et ajoutez une cuillerée d'extrait de vanille. Une fois le mélange bien homogène, versez-le délicatement à la crème fouettée. Laissez en attente au réfrigérateur.

Pelez les goyaves et passez la chair au mixer. Incorporez le jus de citron.

Dans 4 coupes à glace répartissez en alternance une couche de fromage blanc de 4 cm et une couche de purée de goyave, de forme allongée jusqu'à épuisement des ingrédients, en terminant par du fromage blanc. Placez 2 heures au réfrigérateur.

PANELAS/ *Vénézuela*

4 pers. **Prép. : 10 min Cuisson : 35 min** **193 kcal/p**

4 œufs • 100 g d'amidon de manioc (tapioca) • 100 g d'édulcorant en poudre • 2 cuil. à soupe de farine de blé • 1 cuil. à soupe de liqueur d'anis

Réalisation

Préchauffez votre four th. 8 (240 °C).

Séparez les blancs des jaunes d'œufs. Battez les blancs en neige. Incorporez-y les jaunes, l'édulcorant et la liqueur d'anis.

Tamisez la farine et l'amidon de manioc. Ajoutez-les délicatement au mélange.

Beurrez des moules à biscuits et saupoudrez-les de farine.

Versez la préparation et enfournez pendant 25 minutes.

Démoulez et laissez refroidir.

Placez les panelas quelques minutes sous le gril du four pour obtenir leur croustillant.

PUDDING AU PAIN/*Portugal*

4 pers. **Prép. : 15 min Cuisson : 1 h** **198 kcal/p**

4 tranches de pain de mie rassis • 1/2 litre de lait écrémé • 200 g d'édulcorant en poudre • 4 œufs entiers • 3 cuil. à soupe de marmelade d'orange • 2 cuil. à soupe de zestes de citron • 10 g de beurre

Réalisation

Faites chauffer votre four th. 6 (180 °C).

Faites chauffer le lait avec l'édulcorant et les zestes de citron.

Hors du feu, fouettez les œufs dans le lait et ajoutez la marmelade.

Disposez le pain dans un plat en verre pouvant aller au four ; versez le lait en veillant à bien imbiber le pain.

Parsemez de noisettes de beurre et enfournez 1 heure.

Laissez refroidir et servez directement dans le plat de service.

RIZ À LA CANNELLE/*Côte d'Ivoire*

4 pers. **Prép. : 10 min Cuisson : 30 min** **228 kcal/p**

200 g de riz rond • 1/4 de litre de lait écrémé • 4 cuil. à soupe d'édulcorant en poudre • 2 cuil. à soupe de cannelle en poudre

Réalisation

Portez 1 litre d'eau à ébullition et faites cuire le riz pendant 5 minutes environ. Égouttez-le puis plongez-le dans le lait bouillant avant de réduire le feu et de prolongez la cuisson à couvert pendant 25 minutes.

Égouttez le riz si nécessaire, saupoudrez d'édulcorant et de cannelle en poudre. Mélangez et servez tiède dans des coupelles individuelles.

TAJINE DE FRUITS AU MIEL/*Tunisie*

4 pers. **Prép. : 30 min Réfrigération : 1 h** **163 kcal/p**

1 kiwi • 1 grappe de raisin noir • 1 pomme golden • 1 banane • 4 cuil. à soupe de raisins de Corinthe • 2 cuil. à soupe de poudre d'amandes • le jus d'1/2 citron jaune • 2 cuil. à soupe de miel d'acacia • 1 cuil. à soupe d'extrait de vanille liquide

Réalisation

Pelez la pomme, le kiwi et la banane. Détaillez les fruits en morceaux et citronnez-les pour éviter qu'ils ne noircissent. Lavez le raisin et égrainez-le.

Mêlez délicatement tous les fruits.

Dans un bol, mélangez le miel, le restant de jus de citron, l'extrait de vanille.

Mouillez les fruits avec cette préparation et placez au frais pendant 1 heure environ.

Au moment de servir, disposez les fruits dans des raviers individuels et saupoudrez de poudre d'amandes.

TIRAMISU ALLÉGÉ/*Italie*

4 pers. **Prép. : 20 min Réfrigération : 12 h** **276 kcal/p**

12 biscuits à la cuiller • 200 g de fromage blanc à 0 % de MG • 100 g de mascarpone • 15 cl de crème fleurette allégée • 20 cl de café fort • 2 cuil. à soupe d'amaretto • 4 cuil. à soupe d'édulcorant en poudre • 4 cuil. à soupe de cacao amer en poudre

Réalisation

Émiettez 3 biscuits à la cuiller et répartissez-les dans chaque coupe.
Mélangez le café chaud avec 1 cuillerée d'édulcorant et l'amaretto. Versez sur les biscuits.
Fouettez le fromage blanc, le mascarpone avec le reste d'édulcorant et incorporez la crème liquide battue en chantilly.
Saupoudrez les biscuits de cacao, recouvrez de crème puis du reste de cacao.
Placez au frais jusqu'au moment de servir.

Index des recettes

ENTRÉES

POISSONS

VIANDES

LÉGUMES

DESSERTS